beck^Ische reihe

BGG TU Darmstadt
(Philosophie u. Soziologie)
56238085

Wer viel Radio hört, durch die TV-Programme zappt, den neuartigen Politzirkus miterlebt und die Deutschen im Big-Brother-Fieber verfolgt, kann auf die Idee kommen, hier sei Volksverdummung auf hohem ökonomischen und technischen Niveau angesagt. Zehn Autoren unternehmen in diesem Band mit offenen Augen Ausflüge in die Fun-Gesellschaft. Sie beobachten, „wie man gedacht wird", blicken auf das „Glück der größten Zahl", machen einen Besuch beim Titelhandel oder studieren die Dummheit als erfolgreiche Lebensform. Möglicherweise ist die Tatsache, daß Dumme von ihren Fähigkeiten ganz besonders überzeugt sind, keine bloß natürliche Gegebenheit, sondern Ausdruck der Dressierbarkeit des Menschen in der Postmoderne.

Jürgen Wertheimer und *Peter V. Zima* lehren Literaturwissenschaft an den Universitäten Tübingen und Klagenfurt.

Strategien der Verdummung

Infantilisierung in der
Fun-Gesellschaft

Herausgegeben von
Jürgen Wertheimer und Peter V. Zima

Verlag C.H. Beck

In memoriam
Ulrich Schulz-Buschhaus

Die Deutsche Bibliothek – CIP-Einheitsaufnahme

Strategien der Verdummung: Infantilisierung in der
Fun-Gesellschaft / hrsg. von Jürgen Wertheimer und Peter
V. Zima. – Orig.-Ausg. – München : Beck, 2001
  (Beck'sche Reihe ; 1423)
  ISBN 3 406 45963 3

Originalausgabe
ISBN 3 406 45963 3

Dritte Auflage. 2001
Umschlagentwurf: +malsy, Bremen
Umschlagabbildung: © John Paul Genzo; Zefa, Düsseldorf
© Verlag C. H. Beck oHG, München 2001
Gesamtherstellung: Druckerei C. H. Beck, Nördlingen
Printed in Germany

www. beck.de

Inhalt

Vorwort 7

Wie man gedacht wird.
Die Dressierbarkeit des Menschen in der Postmoderne
von Peter V. Zima 11

Dumme Sinnsysteme.
Ausflucht und Zuflucht
von Martin Doehlemann 30

Diskursive Dummheit
von Uwe Wirth 46

Geklonte Dummheit: Der infantile Menschenpark
von Jürgen Wertheimer 58

Priapus und die Esel.
Genierliche Glosse zu Genom, Genital, Generation,
Genealogie, Genozid und Gentechnik
von Harry Pross 81

Über den Geist der Geisteswissenschaften.
Akademische Glossen
von Heinz Schlaffer 92

Wo Rudi Rüssel einen Lehrstuhl hat.
Ein Besuch beim Titelhandel
von Wolfgang Kemp 110

Über hergestellte Dummheit und inszenierte Intelligenz
von Ottmar Ette 119

Das Glück der größten Zahl
von Hannelore Schlaffer 139

Anleitungen zum tadellosen Sprachgebrauch
von Ulrich Schulz-Buschhaus 150

Vorwort

Sie argumentieren uns in die Steinzeit zurück: keine Woche, ohne daß vermeintlich neue Erkenntnisse über die genetisch bedingte Determiniertheit des Menschen und die biogenetische Verankerung seines Tuns in den Leitmedien thematisiert würden. Den Joy-Stick in der einen und die Karriere-Keule in der anderen Hand, proben wir survival of the Fiesest-Strategien. Volksverdummung auf hohem ökonomischen und technologischen Niveau ist angesagt, während die mentalen, kommunikativen und emotionalen Fähigkeiten auf allen sozialen Niveaus spürbar tiefer gelegt werden. Das alles beginnt ganz „unten", zum Beispiel beim ritualisierten Ärger über den „Gaga-Grand-Prix" und „Maschendrahtzaun-Kult", und es endet auch ganz unten, etwa mit den telegenen verbalen Wort-Keulen-Kaspereien eines Reich-Ranicki, den gefährlichen Denk-Blasen eines Sloterdijk, den dilettantischen Trotzposen der Politik und dem infantilen Potenzgehabe der neo-neolithischen Börsen-Neanderthaler. Längst ist das gutgemeinte Motto des „lifelong learning" zur Farce geronnen, und den aufklärerischen Appell, sich mutig seines Verstandes zu bedienen, beherzigen unglücklicherweise und mit besonderer Öffentlichkeitswirkung vorzugsweise jene, deren Stärke eben gerade nicht auf der Ebene kognitiver Fähigkeiten liegt.

Wir wollen hier nicht Gegenwartsekel in Szene setzen, Kulturschelte wiederkäuen. Doch nur weil früher nichts besser war, muß man nicht gegenwartsblind werden. Und es gibt Tendenzen, die einen erdrutschartigen Abbruch des kollektiven kritischen Bewußtseins spürbar werden lassen: kritische Haltungen, der Sinn für Nuancen erodiert: Willkür und zynische Beliebigkeit auf der einen, rigide Ein-Deutigkeit und Bedeutsamkeit auf der anderen Seite stehen sich unvermittelt und zeitgleich gegenüber, und das Vakuum dazwischen, der Raum der konkreten Alltagserfahrung, der eigenen kritischen, selbstkritischen Wirklichkeitswahrnehmung, verödet. An seinen Rändern erscheinen die großen Verdummungsstrategen und -propheten und machen Kasse mit der Masse. Satt-, Sauber- und Fit-Pflege für alle ist angesagt.

Demokratie, mißverstanden und rein ökonomisch unterhaltungslebensweltlich interpretiert, ist die Idealform zur systematischen Ausbildung degenerierter Lebensformen auf hohem Niveau: Die immer wieder angeführte „Politikmüdigkeit" zum Beispiel ist nicht, wie eilfertige Interpreten zu wissen glauben, „in Wirklichkeit eine ‚Politikermüdigkeit', sondern bereits Indiz eines vielleicht notwendigen parteipolitischen Selbstauflösungsprozesses, der in der Natur der Sache liegt. In einer spätdemokratischen Phase kann dem Prinzip des Politikers keine Bedeutung mehr zukommen. Das Rotationsprinzip der Grünen war ein rührend ernsthafter Versuch, diese Problematik zu unterlaufen. Längst sind Politiker zu verderblichen Instant-Fix-Produkten der Mediengesellschaften geworden, an denen ausschließlich die Oberfläche von Interesse ist. Die Sucht nach dem Label steht auch hier für die Suche nach dem Programm, an das ohnehin längst keiner mehr glaubt.

Wo Haltungen die Konsistenz von Götterspeise haben, findet das Gespräch über Werte nurmehr (aber um so verbissener) in Akademien statt. Ethikkommissionen pflegen in politischen Gremien in der Regel irgendwelche „Weißbücher" zu irgendwelchen Problemen vorzulegen, die ungelesen in den Reißwolf der Massenpublikation wandern. Die großen Visionen sind ebenso ausgeblieben wie die großen Apokalypsen. Die Ängste vor dem „Big Brother" sind auf eine Containerladung „Spaß" geschrumpft, und Emotionen sind Mediensache. So leben wir einer Zukunft entgegen, die uns vermutlich nicht mal mehr einen sicheren Tod gönnt. Millionen unsterblicher, gesunder, wohlhabender, vergnügter Kretins könnten die wahre Apokalypse verkörpern.

Dennoch, den Alltagsärger über fehlerhafte Syntax, rudimentäre Sprachbeherrschung, abgedroschene Phrasen, leere Worthülsen, Stilblüten und plumpe Wahlslogans schluckt man meistens und geht zur universitären Tagesordnung über, in der man wieder mit fehlerhafter Syntax, rudimentärer Sprachbeherrschung usw. konfrontiert wird. Als die beiden Literaturwissenschaftler Wertheimer und Zima während eines Spargelessens wieder einmal auf dieses leidige Thema zu sprechen kamen, beschlossen sie, den Ärger diesmal nicht – mitsamt Spargel und Weißherbst – zu schlucken, sondern gegen die sich ausbreitende Verdummung zu wenden. Sie mögen an den klugen Rat der Mediziner gedacht haben, Aggressionen nicht in sich hineinzufressen, sondern gegen das unliebsame Objekt zu wenden.

Allerdings ist dieses Objekt nur schwer definierbar, weil die einen (zum Beispiel Werbefachleute) für unentbehrliche Information halten, was den anderen (zum Beispiel den Herausgebern) als Strategie der Verdummung erscheint. Tatsächlich wird es inmitten eines postmodernen Pluralismus immer schwieriger, bahnbrechende Einsichten von Dummheiten zu unterscheiden, etwa wenn der Philosoph Jacques Derrida in seinem Werk *Glas* den Namen Hegel mit dem französischen Wort *aigle* assoziiert, das ganz anders ausgesprochen wird, um eine Verbindung zwischen dem Philosophen und dem Reichsadler zu suggerieren. Daß solche Praktiken, durch die Autorität eines berühmten Dekonstruktivisten legitimiert, in die Seminardiskussionen Eingang finden und dort bizarre Stilblüten treiben, ist nicht weiter verwunderlich.

So wachsen Generationen von Philosophen, Literaturwissenschaftlern und Soziologen heran, die sinnvolle von unsinnigen Argumentationen kaum noch unterscheiden können und wohlmeinender Kritik mit Hinweisen auf Derrida, Deleuze oder Lacan begegnen. Gegen solche Einwände ist kein Kraut gewachsen, und allmählich setzt sich die Furcht vor einer sprachlichen Situation durch, in der richtig und falsch, gut und böse, schön und häßlich nicht mehr zu unterscheiden sind.

Diese eindimensionale „brave new world" der Sprache hat schon vor Jahrzehnten Jean-Paul Sartre folgendermaßen beschrieben: „Führen wir nicht eine Bewegung fort, die die ‚reinen Münder', die wir verachten, begannen, treiben wir nicht den Wörtern ihren eigentlichen Sinn aus, und werden wir uns nicht, mitten in der Katastrophe, in einer Gleichwertigkeit aller Namen wiederfinden und dennoch gezwungen sein zu sprechen?"

Die Katastrophe ist möglicherweise schon da, weil gerade die Intellektuellen immer seltener in der Lage sind, das richtige vom falschen Wort zu unterscheiden. Denn wer es ablehnt, wertvolle von wertloser Literatur zu trennen, der wird bald nicht mehr in der Lage sein, im politischen Bereich zu differenzieren, wo in neuester Zeit Diskurse entstehen, die unliebsame Tatsachen wie Völkermord oder Folter schlicht leugnen.

Dies ist der Grund, weshalb der vorliegende Sammelband einerseits die Rolle der Intellektuellen in nachmoderner Zeit zu beleuchten sucht und sich andererseits mit dem Zustand der Sprache in einer von Ideologien und kommerzialisierten Medien beherrschten Gesellschaft befaßt. Es geht unter anderem darum, den Verblendungszusammenhang so weit aufzulösen, daß der Nexus von sprachmanipulierenden Medien, sozialer Aphasie und dem Niedergang der Kritik im Lager der Intellektuellen sichtbar wird. Der Weg von Sartres Streitschrift *Pour les intellectuels* (1972) zu Lyotards *Tombeau de l'intellectuel* (1983) ist lang und führt zu der Einsicht, daß die „idée universelle", von der sich die kritischen Intellektuellen des 20. Jahrhunderts leiten ließen, tot ist. Übrig bleibt eine Pluralität von Standpunkten, die Kritik möglicherweise gar nicht mehr zuläßt. Denn Kritik ohne Anspruch auf Verallgemeinerungsfähigkeit verfällt der Kontingenz.

Aber kann Demokratie ohne mündige Subjekte und ohne Kritik überleben? Warten die Demagogen der Zukunft nicht auf den Augenblick, in dem, wie Sartre sagt, alle „Namen gleichwertig" sein werden, so daß es primär auf die mediale Macht des Diskurses ankommt und nicht auf dessen Wahrheitsgehalt? Um diesem Trend, der sich in der Medienlandschaft auf allen Ebenen bemerkbar macht, entgegenzuwirken (wenn auch von der gesellschaftlichen Peripherie aus und mit bescheidenen Mitteln), haben die Herausgeber beschlossen, den Stimmen einiger Andersdenkender auf diesem Wege Gehör zu verschaffen.

Im Mai 2000   *Die Herausgeber*

Peter V. Zima

Wie man gedacht wird

Die Dressierbarkeit des Menschen in der Postmoderne

> *Denn die Dressierbarkeit der Menschen ist in diesem demokratischen Europa sehr groß geworden.*
> Nietzsche, *Aus dem Nachlaß der Achtzigerjahre*

> *Bekämpft wird der Feind, der bereits geschlagen ist, das denkende Subjekt.*
> Horkheimer/Adorno, *Dialektik der Aufklärung*

Sich denken lassen, statt selber nachzudenken, ist denkbar einfach. Es ist auch bequem, denn: „das Spruchzeug liegt nur so herum"[1], erläutert Jürgen Becker den Sachverhalt und deutet an, daß die meisten mit vorfabrizierten Phrasen recht gut auskommen und sich den Aufwand ersparen, den die Konstruktion neuer Satzgefüge mit sich bringt. Nur noch Grüppchen von Intellektuellen, vor allem die „unhappy few" unter ihnen, halten Denkarbeit, Sprach- und Gesellschaftskritik für sinnvoll, obwohl sie längst wissen, daß die Aufklärung, daß Kant, Marx und Sartre die Katastrophen des 20. Jahrhunderts nicht nur nicht verhindert haben, sondern auch noch in das fatale Geschehen verstrickt wurden. „Ist es nicht weitaus vernünftiger und menschlicher", so könnte ein Gedankenloser sich rechtfertigen, wenn er denken könnte, „das verramschte Spruchzeug des 20. Jahrhunderts mühelos und gratis weiter zu benutzen, als eine neue Gesellschaftskritik à la Marx zu entwerfen, die schnurstracks in einen neuen Gulag führt?" Hat der kritische Intellektuelle Sartre mit seinem „engagement" für den Marxismus, die französische KP und die Sowjetunion nicht – wenigstens zeitweise – den Neostalinismus unterstützt?

Das Problem scheint darin zu bestehen, daß die Gedankenlosen des anbrechenden 21. Jahrhunderts nicht mehr in der Lage sind, diese simplen und zum Teil simplifizierenden Gedankengänge nachzuvollziehen, weil sie das Spruchzeug, das die Ideologen, die Medien- und Werbefachleute angehäuft haben, nicht benutzen, sondern von ihm benutzt, gesprochen werden. Dies meinte wohl Adorno, als er in den *Minima Moralia* notierte: „Bei vielen Menschen ist es bereits eine Unverschämtheit, wenn sie Ich sagen."[2] Dieser Satz, der im Kontext der Kritischen Theorie nicht als elitäre Geste, sondern als kritische Provokation gedeutet werden sollte, schlägt eine Brücke zu den nachmodernen französischen Theorien der Subjektlosigkeit, die das individuelle Subjekt (nicht ganz zu Unrecht) als Epiphänomen der Sprache (Lacan), als ideologischen Effekt (Althusser) oder als flüchtige Imago einer Macht- und Strukturenkonstellation (Foucault) betrachten. Ihnen erscheint es als eine Schimäre des 19. und frühen 20. Jahrhunderts, die sich nach dem Scheitern des Existentialismus aufzulösen beginnt.

Bei oberflächlicher Betrachtung scheinen sie den Intellektuellen der machiavellischen Tradition (von Pareto und Lenin bis Goebbels) recht zu geben, die alle Kommentare zur individuellen Freiheit, Verantwortung und Subjektivität schon immer für Naivitäten, leeres Gerede oder Ideologie hielten und den einzelnen – in bewußtem Widerspruch zu Kant – als Mittel zum Zweck betrachteten: als „nützlichen Idioten" (Lenin). Von ihnen gilt, was Horkheimer und Adorno in frischer Erinnerung an die Kriegsereignisse von der mißratenen Aufklärung schrieben: „Die Aufklärung verhält sich zu den Dingen wie der Diktator zu den Menschen. Er kennt sie, insofern er sie manipulieren kann."[3]

Wer trotz aller Rückschläge an der „alteuropäischen" (Luhmann) Tradition der Kritik festhält, der wird keine Sekunde lang mit dem instrumentellen Denken der manipulierenden Intellektuellen liebäugeln. Er wird auch angesichts der überwältigenden Machtfülle der verwalteten Sprache stets von neuem versuchen, im gedankenlosesten Individuum den letzten Funken Geist zu einer Flamme anzufachen: in der Hoffnung, daß sich irgendwann doch noch Adornos Gedanke aus *Kritik, Kleine Schriften zur Gesellschaft* bewahrheitet: „Was triftig gedacht wurde, muß woanders, von anderen gedacht werden: dies Vertrauen begleitet noch den einsamsten und ohnmächtigsten Gedanken."[4] Zugleich wird er daran erinnert, daß es den französischen Kritikern der Moderne nicht darum ging, den einzelnen der Gewalt der Gegenwart zu opfern, sondern darum, Subjektivität als ideologische

Illusion, die von manipulierenden Intellektuellen und Politikern ausgeschlachtet wird, zu zerlegen. Auf die Nähe seines Denkens zur Kritischen Theorie geht Foucault selbst ein, wenn er in einem Gespräch bemerkt: „Hätte ich die Frankfurter Schule gekannt, hätte ich sie rechtzeitig kennengelernt, hätte ich mir sicherlich viel Arbeit erspart."[5] Es ist schlicht falsch, daß das nachmoderne französische Denken „en bloc" einer „strukturalistischen Technokratie" das Wort redet; es zerstört lediglich einige Illusionen, die zeitgenössischen Erben des deutschen Idealismus allzusehr ans Herz gewachsen sind. Auch im folgenden soll die Illusion vom autonom sprechenden, denkenden und entschiedenen „Bürger" oder „Konsumenten" als eine Form subtiler Manipulation erkennbar werden.

1. Gegen eine postmoderne Abwertung der Kritik

Längst hat sich die staatlich verwaltete Konzernwirtschaft des Demokratiegedankens bemächtigt: Kritik im Sinne des Marxismus, des Existentialismus, der Avantgarden oder der Kritischen Theorie soll als „elitär" erscheinen. Intellektuelle wie Leslie A. Fiedler tragen entscheidend zur Abwertung moderner Kritik und zur globalen Verdummung bei, sooft sie den Kompromiß mit der Wirtschaftsgesellschaft als mutiges Auftreten und als „dernier cri" der Postmoderne preisen. Über die kompromißbereiten postmodernen Romanciers schreibt er: „Sie fürchten nicht den Kompromiß des Marktplatzes, ganz im Gegenteil, sie wählen dasjenige Genre, das sich der Exploitation durch die Massenmedien am ehesten anbietet, den Western, Science-fiction und Pornographie."[6] Diese in jeder Hinsicht profitable Kompromißbereitschaft ist nicht eben neu: Schon Autoren des 18. und 19. Jahrhunderts entdeckten und praktizierten sie mit Erfolg. Möglicherweise waren sie postmodern „avant la lettre" ...

Fiedler ist zwar nicht so töricht, seinen politischen Standort zu bezeichnen und offen über die Funktion seiner Rhetorik im zeitgenössischen sozialen und kulturellen Kontext nachzudenken; aber dieser Funktionszusammenhang tritt auch ohne Fiedlers Kommentar klar zutage: Es handelt sich um eine Rhetorik, die die Interessen der Kulturmanager und der Kulturindustrie durch pseudodemokratische Gesten legitimiert und darauf aus ist, den

Widerstand der noch verbleibenden kritischen Intellektuellen zu brechen. Sie sollen als zutiefst „undemokratisch" oder „elitär" diskreditiert und mit einer gefährlichen, weil aristokratischen Esoterik assoziiert werden. Dabei kommt die Ambivalenz des Demokratiebegriffs Fiedler zur Hilfe, die immer dann in Erscheinung tritt, wenn – wie im Italien der 20er und im Deutschland der 30er Jahre – der Wille der einfachen Mehrheit auf Täuschung beruht. Die im Kulturbereich „erst angekurbelte Nachfrage" (Adorno) legitimiert die anschließend mit Erfolg vermarkteten Stereotypen keineswegs; denn Demokratie als „Wille der Mehrheit" ist wertlos, ja sogar gefährlich, wenn sie nicht auf individueller Autonomie und Entscheidungsfähigkeit beruht.

Wer inmitten einer um sich greifenden sozialen Aphasie nicht mehr in der Lage ist, für sich zu sprechen, weil ihm im entscheidenden Augenblick nur noch das intermedial vermarktete Schlagwort einfällt, der ist zur politischen oder ästhetischen Willensbildung nicht mehr fähig und stellt als indifferenter, manipulierbarer Wechselwähler oder Konsument eine Gefahr für die Demokratie dar. „Nur das in Wahrheit entfremdete, das vom Kommerz geprägte Wort berührt (ihn) als vertraut", schreibt Adorno und fügt hinzu: „Weniges trägt so sehr zur Demoralisierung der Intellektuellen bei."[7]

Zu diesen demoralisierten Intellektuellen gehört nicht nur Fiedler, der sich offen zum Anwalt einer amerikanisierten, eindimensionalen Gesellschaft macht, in der die zweite Dimension im Sinne von Marcuse nicht mehr „benannt" werden kann, weil die Worte fehlen, sondern auch Umberto Eco, der ihm mit echter oder gespielter Naivität beipflichtet: „Er will ganz einfach die Schranke niederreißen, die zwischen Kunst und Vergnügen errichtet worden ist."[8] Eco übersieht – aus welchen Gründen auch immer –, daß die heutige sprachliche Situation so einfach nicht ist: Das Niederreißen der Schranke wird stets zur Folge haben, daß der Kulturstrom bergab fließt, weil das Vergnügen als „global funhouse" fest im Griff der in Absatzraten und Einschaltquoten kalkulierenden Kulturmanager ist und weil die zunehmende soziale Aphasie die Rezeption anspruchsvoller Texte – von der kritischen Tageszeitung bis zu Lopes oder Shakespeares einst populären Dramen – verhindert. An dieser Hürde scheitert auch Brechts Episches Theater, das „die ganz unten" aus sprachlichen Gründen nicht mehr erreicht. Es erreicht nicht einmal mehr „die etwas weiter oben", die mit entrüstetem Kopfschütteln (aber nicht ohne Genugtuung) in der *Bild-*„Zeitung" lesen: „Eltern zu dumm – Kinder weg".⁹ Daß die Boulevardpresse mit ihren Slogans und Worthülsen die Dummheit der Eltern (und der Kinder) täglich festschreibt, ist bestenfalls zwischen den Zeilen zu lesen – und nur von denjenigen, die sich (der berechtigten Forderung: „Enteignet Springer!" eingedenk) noch nie eine *Bild-*„Zeitung" gekauft haben.

„Aber so etwas muß es doch auch geben! Es kann schließlich nicht jeder Dichter oder Philosoph sein! Und weshalb sollte man Ecos Roman nicht auf populäre Art verfilmen? Eine brennende Bibliothek sieht man schließlich nicht jeden Tag, und die Leute haben wenigstens auf diese Art Kontakt zu Büchern ..." Die Absurdität solcher Apologien tritt klar zutage, sobald man die Einstellung zu Konsumtexten mit der zu anderen Genußmitteln vergleicht. Daß Zigaretten der Gesundheit schaden, steht mittlerweile auf jedem Werbeplakat, auf jeder Zigarettenpackung; daß Fett und Chemikalien in „populären" Lebensmitteln (zum Beispiel Hamburgern) schädlich sein können, hat sich ebenfalls herumgesprochen. Aber der Tag, an dem eine Regierung die Boulevardpresse zwingt, ihre Produkte mit der Aufschrift SCHADET DEM INTELLEKT zu versehen, scheint noch in weiter Ferne zu liegen. Dabei wäre es zugleich einfach und informativ, die Blätter dieser Branche – wie Milchprodukte – mit einer analytischen Inhaltsangabe zu versehen: „enthält 60 % hohle Phrasen und Slogans, 20 % fehlerhafte Syntax, 10 % Stilblüten, 5 % Grammatikfehler und 5 % widersprüchliche oder unsinnige Behauptungen".

Daß die an solchen Texten geschulten Lesergruppen außerstande sind, den anspruchsvolleren Satzgefügen und Gedankengängen der *FAZ* oder der *Frankfurter Rundschau* zu folgen, ist nicht weiter verwunderlich. Die hilflose Geste eines niederländischen Bahnbeamten, der durch den leeren Zug schlendert, eine *Volkskrant* (= Volkszeitung) aufhebt und mit dem Ausruf „te moeilijk!" („zu schwierig!") verärgert in die Ecke wirft, spricht Bände.

Wie soll aber eine spätkapitalistische Demokratie als komplexes Gesellschaftssystem funktionieren, wenn die Gedankengänge, die ihren Funktionszusammenhang erhellen, von den meisten Wahlberechtigten nicht nachvollzogen werden können? Wer die Zusammenhänge nicht mehr begreift, weil ihm das syntaktischnarrative Vermögen fehlt, der begnügt sich mit affektiven Reaktionen: auf das Wahlgrinsen von X, die Slogans von Y oder irgendein Feindbild, das zur Metapher für den opaken und unverstandenen Gesamtzusammenhang wird. Demagogen haben sich diese drastischen Reduktionen von Komplexität immer wieder zunutze gemacht und werden es auch künftig tun. Möglicherweise gehört ihnen das beginnende Jahrhundert.

Die Heuchelei einiger postmoderner Intellektuellengruppen besteht darin, daß sie diese soziale Aphasie als sprachlich-gedankliche Abwärtsbewegung zwar wahrnehmen, nicht aber mit Kritik reagieren, sondern mit einer „spéculation à la baisse". Sie wissen sehr wohl, daß Kritik nicht populär ist, sondern als elitär gilt und daß der zeitgenössische Intellektuelle daher gut beraten ist, sich die Apologie der Kulturindustrie zu eigen zu machen, die in den USA Fiedler, in Italien Eco und in Deutschland der Romanist Hans Robert Jauß[10] in die Wege geleitet haben.

Eco, der Ende der 60er Jahre noch verkündete, Literatur müsse auf die „Entfremdung" im Kapitalismus mit „Verfremdung" reagieren,[11] hat dieses Vokabular – zusammen mit der Moderne und der Avantgarde – verabschiedet und sich einer Schreibweise zugewandt, die eher Horaz' *delectare* und *prodesse* verpflichtet ist. Die Entfremdung, von der er in *Das offene Kunstwerk* (1962) noch sprach, hält er anscheinend für überwunden. Sie ist nicht nur nicht überwunden, sondern tritt gegenwärtig als individuelle und kollektive Unmündigkeit besonders kraß in Erscheinung. Wer sprachlos ist und außerstande, eigene Gedanken zu artikulieren, der wird dazu neigen, sich die Diskurse anderer zu eigen zu machen: „Je est un autre".

In dieser Situation erscheint es wichtig, die Positionen der Negativität, die die Vertreter der Kritischen Theorie in der Nachkriegszeit einnahmen, weiterhin zu verteidigen: nicht nur, um sich selbst „nicht dumm machen zu lassen", wie Adorno sagt, sondern auch um denjenigen, die die Kulturindustrie im stillen ablehnen, Mut zu machen und vor allem „eine Stimme zu geben". Daß es einen stillen Widerstand gibt, wird immer dann klar, wenn sich Menschen sehr unterschiedlicher Herkunft in allen Ländern der EU über die Dummheit „ihrer" Fernsehprogramme beklagen. Nur Zyniker unter den Intellektuellen können behaupten, daß die kommerzialisierte Massenkultur auch demokratisch ist.

2. Sprachkritik: Subjektivitätsverlust als soziale Aphasie

„L'idéologie interpelle les individus en sujets", „die Ideologie ruft die Individuen als Subjekte an"[12], schreibt Louis Althusser und faßt die Ideologie- und Sprachproblematik eines Jahrhunderts zusammen, das das Autonomiepostulat des liberalen Humanismus und des Individualismus zu widerlegen scheint. Denn die „totalitären Sprachen",[13] wie Jean-Pierre Faye die Diskurse des Nationalsozialismus und des Faschismus nennt, haben sich der Individuen und der Gruppen bemächtigt und das „Ich" zu einer leeren Worthülse gemacht.

Susanne zur Nieden, die Tagebücher deutscher Frauen im Nationalsozialismus erforscht hat, zitiert: „In letzter Zeit ist viel mit dem Krieg los. Es geht immer schiefer", notierte die vierzehnjährige Edelgard B. am 25. 8. 44 in ihrem Tagebuch. „Jetzt hat Dr. Goebbels einen Aufruf ergehen lassen: ‚Totaler Krieg'. Wir, unsere Schule, wird wohl auch noch eingesetzt werden für irgendwelche Arbeiten. Das wäre auch richtig, denn wir müssen ja siegen!!! Besser jetzt alles hergeben, als in Sibirien landen."[14] Das individuelle Subjekt macht sich nicht den Diskurs der Nationalsozialisten zu eigen, sondern wird von diesem Diskurs zum Subjekt gemacht. Es ist – zumindest zeitweise – außerstande, außerhalb dieses Diskurses zu denken und zu handeln. Insofern ist es durchaus angebracht, mit Faye von einem „langage totalitaire" zu sprechen.

Es wäre allerdings verfehlt, die Tagebucheintragung in historischer Retrospektive mit mitleidigem Kopfschütteln zu verabschieden. Denn die zweite Hälfte des 20. Jahrhunderts ist keineswegs von kritischer Distanz, von intellektueller Eigenständigkeit oder Autonomie geprägt. Gerade die Intellektuellen, die am allerwenigsten mit der vierzehnjährigen Edelgard verglichen werden möchten, sprachen unbesehen von den „sozialistischen Ländern", ohne zu fragen, wie Marx auf den „realen Sozialismus" reagiert hätte, und hielten (S. Mallet, L. Goldmann) das „jugoslawische Modell" für eine Alternative zu Stalinismus und Monopolkapitalismus. Sie machten sich nicht die Mühe, hinter die Kulissen zu schauen, mit Exilserben, Exilkroaten oder Exilslowenen zu reden, um sich zu informieren.

„Mundus vult decipi, intellectus vult decipi": und zwar deshalb, weil es einfacher ist, sich im Rahmen einer diskursiven Formation kollektiv denken zu lassen, seine Ansichten von ‚Gleichgesinnten' ritualmäßig bestätigen zu lassen, als unermüdlich Andersdenkende aufzusuchen, um die Gleichgesinnten mit guten Gegenargumenten vor den Kopf zu stoßen, das heißt zu wecken. Noch im Jahre 1983 macht sich Michael Jäger über den Subjektivismus von Gert Mattenklotts Buch *Der übersinnliche Leib* lustig, indem er auf gut marxistische Art die „objektive Wirklichkeit" ins Feld führt, die Mattenklott mit einer Theorie des „geschwundenen Außen" zu leugnen scheint: „Nun ließe sich billig spotten, daß das geschwundene Außen leicht durch Öffnen der Vorhänge zurückgeholt werden könnte. Die Sowjetunion ist noch da. Aber im Ernst: ist nicht manches an Mattenklotts Modell anachronistisch?"[15] Als anachronistisch erwies sich die Sowjetunion, denn acht Jahre nach Erscheinen von Jägers Artikel war sie nicht mehr da. So solide ist die „objektive Wirklichkeit", die in Wirklichkeit nur eine Konstruktion des liberalen, marxistischen, faschistischen, nationalistischen oder fundamentalistischen Diskurses ist. Es käme darauf an, diese Diskurse, die sich der Subjekte bemächtigen und sie zu sozialer Aphasie verurteilen, zu zerlegen, um herauszufinden, wie sie funktionieren: what makes them tick.

Das geschieht zu selten, und wenn es geschieht,[16] dann wirkt es kaum, weil sich die meisten nach wie vor denken lassen und Studenten mechanisch in StudentInnen, Wissenschaftler in WissenschaftlerInnen überleiten, ohne sich über die komplexen Herrschaftsverhältnisse in Sprache und Gesellschaft diskurskritisch den Kopf zu zerbrechen. Ihnen fallen unsinnige Formen wie „Liebe MitgliederInnen!"[17] gar nicht mehr auf. Möglicherweise würden sie mit Verwunderung (eher mit Verunsicherung) reagieren, wenn sie ihre Lebensgefährtin mit der Nachricht überraschte, sie sei Mitgliederin bei den Grün-Alternativen: „Kann man denn das schon sagen?" Noch nicht, aber in zehn Jahren bestimmt: Die Strategien der Verdummung werden immer effizienter.

Hinter ihnen steht die geballte Macht der Technologie, die neue „Mythen des Alltags" (Barthes) entstehen läßt. Der Computer-Mythos stellt alles in den Schatten, weil er dem hilflosen Intellektuellen suggeriert, daß er natürliche Intelligenz durch künstliche potenzieren kann. Daß er das im Flugverkehr und im strategischen Bereich tut, soll nicht bezweifelt werden, zumal die Kombinationsmöglichkeiten, die ein strategisches Modell ausmachen, ohne Rechner nicht systematisch durchgespielt und quantifiziert werden könnten. In den Geisteswissenschaften hat der Einsatz künstlicher Intelligenz eher dazu geführt, daß die klare Gliederung auf argumentativer Ebene (für die ein Bleistift und ein Stück Papier völlig ausreichend sind) durch eine typographische Scheingliederung ersetzt wird, für die der Computer mit fettgedruckten Untertiteln, Kursivierung, Diagrammen und Randausgleich verantwortlich ist. Der Argumentationszusammenhang wird durch einen typographischen Zusammenhang ersetzt, der Zusammenhänge lediglich vortäuscht. Daß sich nicht nur Lernende, sondern auch Lehrende von der künstlichen Intelligenz auf diese Art betören lassen, versteht sich in einer immer demokratischer werdenden Gesellschaft fast von selbst. Schließlich haben sie – wie Ende der 60er Jahre schon festgestellt wurde – nur einen altersbedingten „Wissensvorsprung". Gegen systembedingte Dummheit sind sie also nicht gefeit.

Während man an französischen und deutschen Universitäten in den 70er Jahren in den Gängen oder in der Mensa noch an Diskussionen über das „dépassement" oder die Systemüberwindung teilnehmen konnte, wird man heute mit Gesprächen über die Heldentaten des PC-Geräts vorliebnehmen müssen: „Meiner kann unterstreichen!" – „Meiner kann bunt unterstreichen!" – „Meiner kann Studenten durch StudentInnen ersetzen und für einen geschlechtsneutralen Text sorgen." Vom „dépassement" der 60er Jahre bleibt in solchen Fällen wenig übrig: bestenfalls ein „dépassement de l'écran", wenn der Kollege schließlich doch noch auf den „Titel" seines Artikels zu sprechen kommt, der nun (ein wahres Wunder!) kursiv gesetzt werden kann.

So manches dieser Gespräche erinnert an Buñuels Film *Le Charme discret de la bourgeoisie*, in dem sich Partybesucher im Werbejargon reibungslos verständigen: „Ma Renault s'énerve." – „Mon parfum est d'une élégance indépassable." – „Votre vin a vraiment du corps." Der Alltag sieht nicht viel anders aus, wenn der Nachbar uns vertraulich mitteilt: „Ein bißchen Power muß mein Wagen schon haben." Auf die exotischen Konnotationen kommt es an, weil sie den Ausblick aufs Tatsächliche angenehm vernebeln. Wer statt Computer oder PC einfach Rechner sagt, irritiert so manchen Kollegen (Kolleginnen seltener), der die Bagatellisierung der von ihm verehrten künstlichen Intelligenz nur schwer erträgt. Ähnliche Erfahrungen macht, wer hartnäckig von Fluggesellschaft statt von Airline, vom Schwimmbecken statt vom Pool und vom Schnäpschen statt vom Drink spricht, weil Fluggesellschaft mittlerweile eine etwas schwerfällige Organisation konnotiert, deren Flugzeuge nicht jederzeit startbereit sind, das Schwimmbecken den Verdacht erregt, es könnte bloß Wasser drin sein, und das Schnäpschen nur noch den Kater evoziert, den uns Alkoholgenuß „post festum" beschert. Die Airline hingegen hat richtige Jets, die jederzeit startklar sind (außer wenn sie in einer Warteschleife oder einem Stau stecken), der Pool ist ein richtiges Erlebnis, und der Drink evoziert Hollywood und nicht die Allgäuer Sommerfrische.

Deshalb erscheint es auch unzweckmäßig, in einem Polyglott-Reiseführer einen banalen Regenbogen in Szene zu setzen. Als eine der wichtigsten Touristenattraktionen hat der isländische See Mývatn Besseres verdient. Deshalb ist auch von einer „himmlischen Lightshow über dem Mývatn"[18] die Rede. An den Universitäten des 21. Jahrhunderts wird man sich mit einem Seminar zur „Literarischen Avantgarde" nur lächerlich machen. Seminare werden ausschließlich im ‚International English' und mit Titeln wie „The Avantgarde Show" oder „The Goethe-and-Schiller-Show" durchgeführt. (Schließlich sind auch Studierende aus den USA und Japan dabei!) Wer sich diesem Trend widersetzt, wird nicht nur von den Trendsettern mitleidig belächelt, weil er noch in einer Regionalsprache unterrichtet und den intermedialen Charakter der Literatur nicht begriffen hat, sondern als Relikt des 20. Jahrhunderts („ergrauter 68er") in den musealen Bereich relegiert.

Es geht hier nicht so sehr um Stereotypen und Amerikanismen, über die sich wöchentlich Journalisten, Literarten und Linguisten mokieren. Es geht darum, daß die Stereotypen nur selten *cum grano salis* oder selbstironisch verwendet werden, sondern dem sprechenden Subjekt vorgegeben sind. Wer sagt: „Wir wollen uns einen Drink einschenken und noch eine Weile draußen am Pool plaudern", der denkt sich zwar nichts dabei, sofern er die Sprachmechanismen nicht durchschaut, er weiß aber genau, was er sagen will: „Seht, was wir nicht alles haben, bei uns ist es doch schön, bleibt noch 'ne Weile, vielleicht ergibt sich noch etwas (was auch immer)." „Die Sprache spricht", sagte Heidegger und wollte etwas ganz anderes ausdrücken; sein Satz bezeichnet aber einen

Zustand der Subjektlosigkeit, in dem „das Spruchzeug nur so herumliegt" (Becker) und von den meisten gedankenlos, aber dankbar aufgegriffen wird.

Aber vielleicht geht es auch ohne Wörter, vielleicht wird sich die Verdinglichung bald in einem Zustand der Sprachlosigkeit voll durchsetzen. Jürgen Becker sieht es so: „Aber Barbara, Elfriede, Erena und Fanny, Nana, Ursula, Vicky und Wibke wissen mit neuem Küchenbewußtsein neue Wörter und die Dinge zu gebrauchen, welche die neuen Wörter bezeichnen. (...) Da haben wir den Filterautomat. Habt ihr auch einen Filterautomat? Hier ist das Elektromesser. Die Zitruspresse ist nicht weit. Wörter sind genügend vorhanden, und Gegenstände sind genügend vorhanden, und Wörter brauchen wir nicht, und der Umgang mit den Gegenständen lernt sich flugs und fast von allein."[19]

Freilich wird es die Sprache noch eine Weile geben, obwohl sie im Supermarkt kaum noch gebraucht wird (ebensowenig wie das Kopfrechnen an den Kassen) und das Geld bei internationalen Transaktionen die kommunikative Funktion zur Zufriedenheit aller Beteiligten erfüllt. Dazu bemerkte Stéphane Mallarmé schon im ausgehenden 19. Jahrhundert: „Erzählen, unterrichten, ja sogar beschreiben: all dies ist möglich, obwohl wir uns damit begnügen könnten, den anderen in aller Stille eine Münze in die Hand zu drücken (...)."[20] Das In-die-Hand-Drücken der Münze ist im Internet-Zeitalter längst zum Anachronismus geworden, aber die im World Wide Web verfügbaren Zahlen drücken mittlerweile mehr aus als das Geplapper der Touristen, das ohnehin nur Zahlen, Prozente und Wechselkurse zum Gegenstand hat.

Postmoderne Sprachlosigkeit ist nicht nur marktbedingt, sondern auch aus der immer intensiver werdenden Arbeitsteilung ableitbar, die seit dem Zweiten Weltkrieg in zunehmendem Maße die Freizeit erfaßt: Der in die Fremde versetzte kontaktarme Jurist sehnt sich nach einer Partnerin und gibt eine Heiratsanzeige auf. Das erste Rendezvous beschert ihm eine Turnlehrerin, die – wie alle anderen kontaktsuchenden Damen – charmant und weltoffen ist: Er möge ihr doch – so nebenbei und nur zum Kennenlernen – von seinen Hobbys erzählen. Er sei leidenschaftlicher Schachspieler, habe aber – wie gesagt – kaum Kontakt in dieser Gegend ... Was sie denn so interessiere ... Sie sei leidenschaftliche Reiterin, besitze sogar ein Pferd, das zur Zeit leider krank sei: eine Erkältung, die ihr große Sorgen bereite, das Pferd sei schon älter. Ob er selbst hin und wieder ein Pferd besteige? – Nein, nein, überhaupt nicht: Er sei gegen Pferdehaar, Hundehaar, Katzenhaar, Heu und Stroh hoffnungslos allergisch ... Betretenes Schweigen. Der verzweifelt herbeigesehnte gemeinsame Nenner schrumpft in dieser – nicht eben idealen – Sprechsituation auf das Pferdchen am Schachbrett zusammen, auf dem man bekanntlich nicht reiten kann. Als nächste trifft er eine leidenschaftliche Windsurferin, auf deren Surfbrett die Aufschrift FANATIC leuchtet, die das baldige Ende der Kommunikation ankündigt. – Vielleicht ein andermal: In der Zwischenzeit füllt das Fernsehen weiterhin den grauen Alltag aus.

3. Fernsehen als organisierte Sprachlosigkeit

Die neuesten James-Bond-Filme haben einen – möglicherweise noch unentdeckten – Vorteil: Man kann sie auch als Stummfilme problemlos verstehen und genießen, sofern man nicht die Mühe scheut, den rudimentären Dialogen der ersten zwei oder drei Handlungssequenzen zu folgen. Anschließend kann man den Ton getrost abschalten. Denn im Gegensatz zu Hofmannsthals Konversationsdrama *Der Schwierige*, das dazu tendiert, Handlung durch Sprache zu ersetzen, besteht vor allem der neue James-Bond-Film vorwiegend aus ACTION (nicht aus Handlung, versteht sich, denn die gibt es im Heimatfilm auch): Die Schießerei mündet mit eiserner Logik in einen Faustkampf, und dieser wird mit erstaunlicher Regelmäßigkeit von einem technischen Makroereignis (Explosion, Rakete, Laserstrahl) unterbrochen oder abgelöst.

Solange man sich von der ACTION faszinieren läßt (und wer kann sich dieser Faszination schon entziehen?), kann man ihr auch dann folgen, wenn man den Ton ausschaltet und den Film als Stummfilm weiterlaufen läßt. Jürgen Becker hat einem seiner Bücher den Titel *Zeit ohne Worte* gegeben, wohl um anzudeuten, daß Fotografien etwas ausdrücken, was mit Worten nicht ohne weiteres wiederzugeben ist. Der neue James-Bond-Film illustriert Beckers Titel auf seine Art: wozu Sprache in „dürftiger Zeit", wo doch die ACTION als einzige die Zuschauer in ihren Bann schlägt und hohe Einschaltquoten garantiert? Wozu subtile Dialoge, die keiner versteht, wenn die ACTION als größter gemeinsamer Nenner (vom Entspannung suchenden Intellektuellen bis zum sprachlosen Fremdarbeiter) buchstäblich einen Bomben- bzw. Raketenerfolg garantiert?

Das Erfolgsrezept der ACTION besteht darin, daß sie die „psychotechnische Behandlung"[21] der Massen, von der Adorno in seinem Essay über Valéry spricht, auf die Spitze treibt, indem sie die nervlich-psychischen Reflexe des einzelnen unmittelbar anspricht: von Schock zu Schock, von Sequenz zu Sequenz. Im Gegensatz zu den Schockerlebnissen des Epischen Theaters und der Avantgarde, von denen Walter Benjamin sagt, sie sollten den Leser oder Zuseher zum kritischen Nachdenken anregen,[22] sind die SMASHS und BLASTS der James-Bond-Filme dazu angetan, den berauschten Zuseher bis an das banale Happy-End mitzuschleifen, an dem so manchem in katerhafter Stimmung klar wird: „Ich habe mich *wieder* ködern lassen und zwischendurch *wieder* alle Kekse gefuttert ..."

Es ist keineswegs so, daß die Produkte der kommerzialisierten Kultur von einer demokratischen Mehrheit bewußt gutgeheißen werden. Vielmehr werden sie halbbewußt, fast unwillkürlich aufgenommen: wie die dumme und verdummende Melodie, die im Kaufhaus aus den Lautsprechern lallt. Mit Licht- und Lauteffekten soll suggeriert werden, daß dort „etwas los ist", daß die massenproduzierte Ware „Qualität" hat und der Turnanzug aus einem Billiglohnland ein Jogging-Set ist. Wer, einem postmodernen Trend folgend, behauptet, die kommerzialisierte Kultur sei für die Mehrheit gedacht, gehört zu jenen Apologeten der Marktgesetze, die Pierre Bourdieu ganz zu Recht als die „intellectuels hétéronomes" bezeichnet, als „heteronome Intellektuelle", die die Rolle des „trojanischen Pferdes" spielen, „mit dessen Hilfe die Heteronomie, das heißt die Gesetze des Handels, der Wirtschaft in das kulturelle Feld eindringen".[23] Ein heteronomer Intellektueller dieser Art ist Leslie A. Fiedler, der die Heteronomie – auf gut amerikanische Art – offensiv vertritt, indem er etwa behauptet, kommerzialisierte Kulturformen wie die Pornographie seien subversiv. Aber wogegen soll sich ihre subversive Kraft richten? Sicherlich nicht gegen die amerikanische Konzernwirtschaft, die von ihnen in jeder Hinsicht profitiert. Möglicherweise gegen den fernen Papst.

Die Gegensätze berühren sich: Komplementär zum ACTION-Film, der die Sprache zu einer atrophierenden Randerscheinung werden läßt, verhält sich die *Talk-Show*, in der Sprache zum leeren Geschwätz verkommt. Auch sie kann als ein Instrument der „psychotechnischen Behandlung" im Sinne Adornos aufgefaßt werden. Sie schlägt die Zuschauer nicht so sehr durch Spannung und Nervenkitzel in ihren Bann, um so mehr aber durch den systematisch inszenierten VOYEURISMUS, den sie durch Indiskretionen und andere Einblicke in die Privatsphäre der Plaudernden anstachelt.

Die Talk-Shows beschreibt Bourdieu treffend als Synthesen von Voyeurismus und Exhibitionismus: „Lebensabschnitte, ungeschminkte Darstellung von Lebenserfahrungen, die oft extreme Formen annehmen und dazu angetan sind, eine Form von Voyeurismus und Exhibitionismus zu befriedigen."[24] Kein Wunder, daß diese Art von Konversation (was würden Mlle de Scudéry und Mme de Sévigné dazu sagen?) recht bald zum „Schmuddel-Talk" verkommt, der alle Beteiligten anekelt. Dazu Christoph Hirschmanns „Meinung" in *TV-Media*[25]: „Die deutschen Privatsender reagierten auf den Unmut ihrer eigenen Klientel (es hagelte Klagen von Zusehern!) und bremsten ihre Talkstars ein. Die freiwillige Selbstkontrolle funktionierte." Hier wird jenseits von allen gesellschaftskritischen Theorien deutlich, daß die „heteronomen Intellektuellen", die behaupten, das Kulturangebot der Marktgesellschaft entspreche der Nachfrage, entweder nicht mehr wissen, wovon sie reden, oder heucheln. Die Zuseher können ihre Wünsche in sprachloser Zeit zwar nicht mehr klar artikulieren, aber daß sie den kommerzialisierten Verdummungszusammenhang nicht wortlos hinnehmen, kann man sogar in *TV-Media* nachlesen.

Wie sehr gerade in einer „Kritik" an der Talk-Show die Sprache auf der Strecke bleibt, läßt der Kommentar von Dieter Chmelar erkennen: „Das Format ‚Talkshow' wird dank überwiegend wildgewordener, jedenfalls gegen ausreichendes Entgelt zum Äußersten entschlossener Teilalphabeten (sic!) bis zur Kenntlichkeit (sic!) entstellt. Es gibt in diesen Sendungen kaum Diskussionen, dafür Perkussionen. Kaum Argumente, nur Rudimente. Jeder morst, so laut er kann. Bla pour Bla!"[26] Bis zur Unkenntlichkeit wird hier die deutsche Sprache entstellt, von der nicht bloß in der

Talk-Show, sondern auch in deren „Kritiken" nur noch „Rudimente" oder „Spruchzeug" (Becker) übriggeblieben sind.

Das Zusammenwirken von wortloser ACTION und bezahltem BLA BLA ist eine der Hauptursachen für die sozial bedingte Aphasie der Subjekte. Sie büßen die Fähigkeit ein, ihre Interessen und Wünsche zu artikulieren und mit anderen zu sprechen. Deshalb ist seit Jahrzehnten von „Kommunikation", „kommunikativer Kompetenz" und „kommunikativem Handeln" die Rede: Sie sind in der intermedialen Kommunikationsgesellschaft zur Atrophie verurteilt, weil die vom Tauschwert beherrschten Medien das sprachliche Vermögen nicht fördern, sondern ersticken. Denn das heimliche Ideal der Tauschgesellschaft ist Mallarmés Münze: „mettre dans la main d'autrui en silence une pièce de monnaie". Die dem System eingeschriebene Leitidee ist wortlose Kommunikation.

In *diesem* Kontext sollte man die Klagen über den sich ausbreitenden Analphabetismus lesen, etwa die Artikel in der *FAZ*[27] vom Sonntag: „Von den Lehrstellenbewerbern sind 10 bis 15 Prozent nicht vermittelbar, weil sie nicht richtig lesen und schreiben können. (...) Das einst hochgerühmte Bildungssystem zeigt Schwächen. In den Kindergärten schlagen sich Erzieherinnen mit sprachbehinderten Jungen und Mädchen herum, die oft mehr mit dem Fernseher kommunizieren als mit den Eltern." Das Ergebnis ist einerseits BLA BLA, andererseits ACTION, das heißt Gewalt: Wer Meinungsverschiedenheiten, Konflikte oder einfache Mißverständnisse nicht ausdiskutieren kann, der schlägt zu wie ein unmündiges Kind.

Wie sehr Sprachlosigkeit und infantile Regression im Freudschen Sinne zusammenhängen, läßt die medial bedingte Kommunikationssituation erkennen, die kurz nach „Prinzessin" Dianas Tod in London entstand: Eine Londoner Richterin erwägt, einen zwanzigjährigen italienischen Touristen, der es gewagt hat, vom Opferaltar der toten Diana einen Teddybären für seine Freundin zu stehlen, einsperren zu lassen: „The court takes a serious view of this matter, Magistrate Lorraine Morgan told Mr. Piras. She initially sentenced him to seven days in an institution for young offenders but after giving ‚further thought to the sentence' imposed a fine of £ 100 ($ 160), with the seven-day jail term to be reinstated if the fine is not paid in seven days."[28] Ein erwachsener Zwanzigjähriger hätte sich weder für Diana noch den Teddybären interessiert, und eine erwachsene Richterin hätte es strikt abgelehnt, ein englisches Gericht mit dieser Lappalie zu befassen: zumal der junge Tourist zuvor von einem aufgebrachten (infantilen) Patrioten einen Fausthieb ins Gesicht erhalten hatte ... Der einzige Lichtblick in dieser Angelegenheit scheint der „further thought" zu sein, den man der Richterin angesichts der medial organisierten Verblendung nicht mehr zugetraut hätte.

Sprachlosigkeit und infantile Regression werden im Fernsehen nicht nur durch ACTION, Talk-Show und Mythenbildung, sondern auch durch Anekdotisierung aller Ereignisse gefördert. Anfang der 70er Jahre verkündete Marie-Laure de Noailles mit souveräner Geste: „l'histoire c'est des histoires!" An diese undurchdachte, aber in mondänen Kreisen publikumswirksame These scheinen sich die für die Fernsehnachrichten Verantwortlichen zu halten. Sie zeigen den von sozialer Aphasie heimgesuchten Zuschauern isolierte „Highlights" und verzichten auf eine Darstellung der Zusammenhänge: Internationale Politik wird durchgehend personalisiert, privatisiert und vorwiegend anekdotisch erfaßt: Gorbi sitzt mit Reagan („Hi, Ron") am offenen Kamin im Weißen Haus und zeigt, daß er im Gegensatz zu Gromyko („grim Grom") oder Breschnew kein sturer Apparatschik ist. Bush mag aus irgendwelchen Gründen Saddam nicht und läßt *ihn* bombardieren. (Die Frage, weshalb es der britischen Regierung in den 60er Jahren gelang, durch die Entsendung einer Flotteneinheit in den Persischen Golf den damaligen irakischen Diktator Kassem an einem Einmarsch in Kuwait zu hindern, und weshalb sich die USA und Großbritannien in den Jahren 1990 und 1991 zu einer solchen präventiven Strategie nicht entschließen konnten, wird gar nicht gestellt: Der Name Kassem ist längst vergessen.) Zur Aphasie gesellt sich Amnesie. Clinton wäre ein guter und netter Präsident, wenn er sich nur nicht mit einem gewissen Frl. Lewinsky eingelassen hätte! (Ob es Clinton wirklich gelang, das Außenhandelsdefizit der USA zu senken, wird bestenfalls in hochspezialisierten Spätnachrichten erörtert und von kaum jemandem zur Kenntnis genommen, weil der Musikantenstadl auf einen seiner Höhepunkte zusteuert, Schwarzenegger erzählt, weshalb es ihm in Hollywood besser gefällt als in Graz, oder ein Star gerade ihr Geheimnis für ewige Jugend preisgibt.) Über die Kubareise des Papstes wird anfangs recht ausführlich berichtet, aber kurz vor dem Höhepunkt versickert der Nachrichtenstrom, weil die CNN-Journalisten neue Peripetien im Clinton-Drama wittern und von Havanna nach Washington eilen, um den intermedialen Feuilleton-Roman über die oralen Abenteuer ihres Präsidenten fortsetzen zu können. Der Papst kann da nicht mithalten. (Die Frage, wie eine Demokratisierung Kubas mit Hilfe der EU und des Vatikans in die Wege geleitet werden könnte, damit das in vieler Hinsicht vorbildliche kubanische Gesundheitswesen jenseits vom Che-Guevara-Brimborium als Modell für andere Länder Lateinamerikas erhalten bleibt und verbessert wird, wird zusammen mit allen anderen wichtigen Fragen ausgeblendet.)

Übrig bleiben aus dem Zusammenhang gerissene Anekdoten, die der gebildete Zeitungsleser als zum Teil überflüssige Illustrationen des Gelesenen rezipieren kann, die aber von den an sozialer Aphasie und Amnesie Leidenden nicht mehr konkret verstanden werden. Denn symptomatisch für soziale Aphasie und Amnesie ist die Unfähigkeit, sich in Raum und Zeit, in Geographie und Geschichte zu orientieren. Wer Lexikon, Syntax und narrative Syntax nicht ausreichend beherrscht, der bringt Slowenien und Slawonien, Paraguay und Uruguay, möglicherweise sogar Marokko und Monaco, Budapest und Bukarest hoffnungslos durcheinander und kann sich auch nicht erklären, weshalb Lemberg einmal zu Österreich-Ungarn gehörte und weshalb Kaliningrad eine russische Enklave zwischen Polen und Litauen ist. Vergeblich sucht er Königsberg in den neuen Bundesländern oder in Österreich. (Wie wär's mit der Schweiz?)

4. Schlußbetrachtung: Die Rolle der Intellektuellen

Daß die Intellektuellen gegen Dummheit nicht gefeit sind, sondern als „intellectuels hétéronomes" oder als Ideologen (des Faschismus, des Nationalsozialismus, des Marxismus-Leninismus – aber auch des Liberalismus oder einer pluralistischen Postmoderne) zu den Dummen gehören können, wurde schon angedeutet. Zum Abschluß soll kurz erläutert werden, weshalb die unter Intellektuellen so beliebte Negation des Subjekts und der Subjektivität integraler Bestandteil des zeitgenössischen Verblendungszusammenhangs ist.

In einer gesellschaftlichen und sprachlichen Situation, in der immer wieder und nicht zu Unrecht auf die Unterwerfung des Subjekts (*subiectum*) unter Sprache, Ideologie, Systemzwänge und Werbung hingewiesen wurde, wird die Versuchung übermächtig, den Subjektbegriff kurzerhand durchzustreichen, zumal es noch keine nuancierte Theorie des Subjekts gibt. So meint beispielsweise Luhmann, im Rahmen seiner Systemtheorie auf „alteuropäische" Begriffe wie Subjekt, Herrschaft und Handlung verzichten zu können: „Wir können damit auch den Subjektbegriff aufgeben."[29]

Mit dieser lapidaren Bemerkung ist das Problem jedoch nicht gelöst: Denn Subjektivität ist ein sprachliches Phänomen, das jedem Text (auch dem Luhmanns) *innewohnt*. Einerseits artikuliert sie sich auf der Ebene des Aussagevorgangs, weil stets jemand spricht, kritisiert, erzählt; andererseits tritt sie auf der Ebene der Aussage in Erscheinung, wo handelnde Instanzen oder Aktanten (Greimas) agieren, gegeneinander auftreten, einander bekämpfen. Im Märchen sind es Könige, Zauberer, Prinzessinnen oder Drachen; im Roman ehrgeizige, liebende oder rächende Helden und Antihelden; in der bisherigen Soziologie waren es handelnde Individuen (individuelle Aktanten) oder Gruppen, Klassen, Organisationen (kollektive Aktanten). Bei Luhmann handeln zwar keine individuellen oder kollektiven Aktanten mehr, dafür aber „Systeme als abstrakte Subjekt-Aktanten", die immer wieder zu „mythischen Aktanten"[30] werden.

Das sieht etwa so aus:

„Es muß sich um *selbstreferentiell operierende Systeme* handeln, also um Systeme, die bei der Änderung ihrer eigenen Zustände immer selbst mitwirken müssen. (...) Nur selbstreferentiellen Systemen erscheint eine Außeneinwirkung als Bestimmung zur Selbstbestimmung (...). Das System kann auf diese Weise Distanz von der Umwelt gewinnen und sich gerade dadurch der Umwelt aussetzen. Es kann sein Verhältnis zur Umwelt konditionieren und dabei doch der Umwelt die Entscheidung überlassen, wann welche Bedingungen gegeben sind"[31]

Das System als Subjekt-Aktant „wirkt mit", „gewinnt Distanz", „setzt sich aus", „konditioniert" und „überläßt jemandem eine Entscheidung". Aus Luhmanns Sicht werden zwar Handlungen von Individuen und Gruppen irrelevant, dafür werden aber Systeme so weit anthropomorphisiert, daß sie als abstrakte und häufig mythische Aktanten auftreten. Aber kann zum Beispiel das in sich widersprüchliche Wirtschaftssystem etwas „tun", „bewirken", „veranlassen"? Luhmann hat den Subjektbegriff nicht aufgegeben, sondern mythisiert und verdinglicht: In seiner Theorie handeln Systeme wie Sonne und Mond im Märchen.

Das System-Märchen ist möglicherweise nicht ungefährlich, weil es die Diskurse der „heteronomen Intellektuellen" und der Ideologen auf geradezu phantastische Art ergänzt: Während diese Intellektuellen einerseits in die Apologie der alles durchdringenden Marktgesetze einstimmen, sich andererseits Individuen am liebsten als politisch „geschulte" Anhänger oder ergebene Sektenmitglieder vorstellen, erklärt Luhmann individuelles Handeln für theoretisch nichtig und ersetzt es durch das Handeln mythischer Instanzen: der Systeme.

In allen drei Fällen wird die soziale Aphasie des einzelnen bestätigt und festgeschrieben: Im ersten Fall entscheiden die Marktgesetze über Qualität, Bedeutung, Sinn und Aktualität; im zweiten Fall die ideologische Organisation, die für ihre Mitglieder denkt („Die Partei oder Sekte hat tausend Augen, der einzelne eben nur zwei"); im dritten Fall das „Sinnsystem" (Luhmann), das jenseits aller individuellen Intentionen für Sinn sorgt.

Nicht jedoch für Kritik: Denn Kritik ist eine rebellische Handlung des einzelnen, dem angesichts von Parteipropaganda, Werbung, Talkshow, action, Systemtheorie und World Wide Web wieder Adornos Satz aus den *Minima Moralia* einfällt: „Das Ganze ist das Unwahre."

Martin Doehlemann

Dumme Sinnsysteme
Ausflucht und Zuflucht

Homo sapiens – homo stultus

Die Zuversicht, mit welcher der schwedische Naturforscher Carl von Linné (1707–1778) uns den wissenschaftlichen Namen ‚homo sapiens' gab, wurde später nicht mehr überall geteilt. „Homo stultus", seufzte 1921 der Nobelpreisträger Charles Richet (1850–1935; Physiologe, Psychologe, Fabeldichter),[1] und „Homo demens" schien dem Anthropologen Morin die geeignete Bezeichnung zu sein.[2] Die Biologen sind sich uneins, ob der Mensch als ein Volltreffer, Irrläufer oder Fehlschlag der Evolution zu gelten habe – und wenn ein Forscher[3] in uns nichts anderes erkennt als einen der Wurmfortsätze des Variationsspektrums der Arten im vielgestaltigen Reich der Bakterien und Einzeller, welche die eigentlichen Herrscher auf diesem Planeten seien, so mögen wir uns damit beruhigen, daß das ja bloß statistisch gesehen ist. Als der Steinzeitmensch – als fehlentwickelter Affe – allmählich den Frack und dann die Jeans anzog, stellte sich nach Meinung mancher Autoren endgültig heraus, daß er die „größte Naturkatastrophe"[4] sei. Weniger streng geht Eibl-Eibesfeldt mit uns um.[5] Er kennt unsere stammesgeschichtlich bedingte Befangenheit im Gegenwartsdenken. Ehedem im „Wettlauf des Jetzt" überlebenswichtig, gefährdet es heute unser Überleben. Aber diese archaische Programmierung ist durchaus zu überwinden; denn der Mensch ist „von Natur aus ein Kulturwesen" mit der Fähigkeit zur Selbstveränderung.

Der Mensch als Krone der Schöpfung und/oder als Ausweis der traurigen Einfalt des ebenbildlichen Gottes? Entlastend und erheiternd kann es sein, sich die Dummheit als eine Göttin vorzustellen, der wir freudig huldigen. Das schönste Denkmal setzte ihr Erasmus von Rotterdam im Jahre 1509 – einer Göttin, die sich überschwenglich selbst lobt.[6] Denn sie, der sogar bei den ärgsten Dummköpfen ein schlechter Ruf vorausgehe, bringe den Menschen doch nur die Wohltaten, ohne die das Leben wenig lebenswert wäre: das Glück der Gedankenlosigkeit, die Seichtheit und

Lüsternheit der Vergnügungen, die Blindheit von Freundschaft und Liebe oder die Eitelkeit der Gelehrten und die Ruhmsucht der Künstler, immerhin Antriebskraft für gelegentlich überdauernde Werke.

Können auch Sinnsysteme als „dumm" bezeichnet werden?

Wenn wir jemanden für dumm halten, meinen wir, einen Mangel an Unterscheidungs- und Urteilsvermögen feststellen zu können; wenn wir Handlungen als dumm erachten, meinen wir solche, die dem Betreffenden selbst – und möglicherweise auch anderen – schaden. Daß auch gescheite Leute Dummheiten machen können, ist bekannt; denn Leidenschaften machen blind, Geldgier benebelt, Autoritätsgläubigkeit schränkt ein. In der Regel wird Dummheit also Personen oder Handlungen zugeschrieben – sei es im Alltag, sei es in der Wissenschaft, wo freilich meist andere Worte gebraucht werden, zum Beispiel IQ-Werte. Dabei werden die Fragen, worin Begabungs- oder Sozialisationsmängel bestehen, wie sie zueinander stehen und wie sie zu messen sind, nach wie vor kontrovers erörtert.

Diese personenbezogene Sichtweise kann ergänzt werden durch die Fragestellung, ob auch „Weltbilder" oder Sinnsysteme „dumm" genannt werden können. Gibt es in der modernen Gesellschaft handlungsleitende Gedankengebäude, die den Stallgeruch geistiger Dürftigkeit ausströmen? Kann es sein, daß diese kognitiven Gebilde nicht nur auf beschränkte Menschen anziehend wirken, sondern unter Umständen auch auf nachweislich gescheite? Lassen sich bei solchen ein Verzicht auf Urteilsvermögen, eine Flucht in die Dummheit ausmachen?

Gescheite Kerle – und die Anziehungskraft dummer Sinnsysteme: einige Beispiele aus der ersten Hälfte des 20. Jahrhunderts

In jedem Lexikon finden wir die Namen der im folgenden genannten fünf Hochschullehrer, denen – neben vielen anderen – zu Beginn des Ersten Weltkrieges oder nach der Machtergreifung der Nationalsozialisten der Verstand abhanden gekommen zu sein schien.

Der klassische Philologe von Weltrang, Ulrich v. Wilamowitz-Moellendorf (1848–1931) schlägt zu Beginn seiner Rede *Krieges Anfang*[7] von 1914 „frische Töne" an, nämlich das Lied „eines prophetischen Dichters, der die Zukunft ahnte":

> Wohlauf, Kameraden, aufs Pferd, aufs Pferd!
> Ins Feld, in die Freiheit gezogen!
> Im Felde, da ist der Mann noch was wert,
> Da wird das Herz noch gewogen.
> Da tritt kein anderer für ihn ein:
> Auf sich selber steht er da ganz allein.

Der Redner aktualisiert den Text („Ins Feld für die Freiheit gezogen"; da „tritt ein jeder für jeden ein" – „so soll es auch bei uns zu Hause sein"), weiß durchaus von den fürchterlichen Mächten der Zerstörung, aber dennoch: „Ja, der Krieg, in den jene Wallensteiner so gerne hinausziehen, ist etwas Herrliches." Feind und Freund „sinnen jetzt Kampf, Tod, Brand, Zerstörung, und doch braucht es kein sündiges Sinnen zu sein: das hängt daran, wofür sie's sinnen: heilig ist der Kampf, wenn er für die gerechte Sache geführt wird."

Der Rechtsgelehrte Otto v. Gierke (1841–1921) nennt in seiner Rede *Krieg und Kultur*[8] den Krieg zwar einen furchtbaren Kulturzerstörer, der aber, als gerechter Krieg, „zugleich der mächtigste aller Kulturbringer" sei. „Wir begrüßen diesen Krieg auch als ein durch göttliche Fügung uns gesandtes Heil!" Welche Wohltaten bringt der Krieg dem Staat und dem Volk? Er stärkt „die sittliche Kraft des Gemeinwesens", indem er „hinwegfegt, was innerlich verfallen und zum Untergange reif war", zum Beispiel „das alte Erbübel eines seichten Kosmopolitismus" oder „die Lehren des Pazifismus, deren in ihrer Unklarheit doppelt gefährliche Friedensschwärmerei auf die Entmannung der Völker abzielt". Der Krieg brachte „gleich einem herrlichen Wunder" einen „großartigen Aufschwung der deutschen Volksseele. Nun fand das deutsche Volk in plötzlicher Selbstbesinnung sich selbst wieder", wobei „die Bekehrung zum Vaterlande auch eine Bekehrung zu Gott war". Aus einem siegreichen Frieden werde die mit der starken Monarchie unlöslich verbundene „Volksfreiheit gefestigt und geläutert hervorgehen". Die „Entfesselung welterobernder Kraft" werde auch zu einer Weltvorherrschaft der (im Vergleich zur alternden Kultur der Franzosen) „jugendfrischen deutschen Kultur" führen „zum Heile der Menschheit". Aus Emanuel Geibels Gedicht *Deutschlands Beruf* (1861) zitiert er:

> Und es mag am deutschen Wesen
> Einmal noch die Welt genesen.

„So möge es geschehen", ruft Gierke aus. „Das walte Gott."

Die Torheit der Kriegsbegeisterung dieser beiden alten Herren wird übertroffen von der Torheit des Feindbildes von Werner Sombart (1863–1941; Volkswirtschaftler und Soziologe, Mitbegründer der Deutschen Gesellschaft für Soziologie) in seiner Schrift *Helden und Händler. Patriotische Besinnungen* von 1915. „Händlerisch" und „krämerisch" seien die Engländer in ihrem seichten Materialismus und dem platten Grundsatz vom größten Glück der größten Zahl, in ihrer Staatsvertragslehre und auch in ihrer Auffassung des Krieges als eines Sports entgegen der deutschen idealistisch-heroischen Sinngebung des Krieges.

> Als die gefangenen Engländer aus der Festung Lüttich abzogen, streckten sie unseren Feldgrauen die Hände entgegen: wie die Fußballspieler nach vollendetem Match! Und waren sehr erstaunt, als man ihnen die gebührende Antwort gab: nämlich einen Fußtritt in einen gewissen Körperteil ...[9]

Wir kommen in die Zeit der nationalsozialistischen Gewaltherrschaft. Philipp Lenard (1862–1947), Nobelpreisträger für Physik von 1905, begründet 1935 im Vorwort seines Werkes *Deutsche Physik*, warum er Albert Einsteins Relativitätstheorie nicht behandeln wird:[10] Diese Theorie

> wollte die ganze Physik umgestalten und beherrschen; gegenüber der Wirklichkeit hat sie aber nun vollständig ausgespielt. Sie wollte wohl auch gar nicht wahr sein. Dem Juden fehlt auffallend das Verständnis für Wahrheit (...) im Gegensatz zum ebenso unbändigen wie besorgnisvollen Wahrheitswillen der arischen Forscher.

Einige Jahrzehnte vorher spottete August Bebel über den Antisemitismus „als Sozialismus des dummen Kerls" – wohl noch nicht ahnend, zu welcher Attraktivität das antisemitische Dummheitssystem es auch für gescheite Kerle bringen würde.

Der Philosoph und Mathematiker Hugo Dingler (1881–1954) schreibt in seinem Buch *Von der Tierseele zur Menschenseele. Die Geschichte der geistigen Menschwerdung:*[11]

> Nicht Jahrzehnte und nicht Jahrhunderte, ja nicht einmal Jahrtausende sind es, an denen die historische Funktion des Nationalsozialismus gemessen werden

kann, dazu braucht man Jahrhunderttausende. Er hat endlich der ungeheuren Periode des Tastens nach dem tiefsten Grund und den tiefsten praktischen Geheimnissen des Menschenlebens ein Ende gemacht. Mit ihm ist diese bisher ausgedehnteste Periode der Entwicklung der Menschenseele, die Periode der Unsicherheit und der Qual endlich zum Abschluß gekommen (...). Da zieht nun zum ersten Mal Sicherheit, Gewißheit und Ruhe ein.

Dergestalt rühmt dieser Philosoph die endgültige Erlösung der Menschheit vom Denken, die Endlösung aller Fragen.

Mag ja sein, daß die dummen Gedankengebilde der begeisterten Kriegbegrüßung, der arischen Rassenüberlegenheit und der nationalsozialistischen Weltwesenserkenntnis einer unheilvollen Vergangenheit angehören, vor deren Wiederkunft wir heute weitgehend gefeit sind. Aber gibt es heute keine umfassenden (in ihren Wirkungen teilweise harmloseren) Sinngebilde mehr, die uns unentwegt einladen, das Denken einzustellen, um uns das Leben zu erleichtern?

Sinnsysteme mit dem Geruch der Dummheit in der Gegenwart

Wir wollen einen Blick werfen auf vier Beispiele dummheitsträchtiger Gedankenwelten, die uns heute locken – und zwar das postmoderne Kauderwelsch in manchen Wissenschaften, den gängigen Begriff des „Wissens" in der sogenannten Informationsgesellschaft, die Feier der Ich-Abdankung in Teilen der Esoterik und das kommerzielle Unterhaltungsfernsehen.

Beispiel eins: Im Frühjahr 1996 veröffentlichte die bekannte amerikanische Zeitschrift für Kulturwissenschaften *Social Text* einen Aufsatz des angesehenen Physikers Alan Sokal mit dem Titel: *Grenzüberschreitung: Für eine transformative Hermeneutik der quantitativen Gravität*. Daß dieser Aufsatz ein Jux war, um das postmoderne, um politische Korrektheit bemühte Beliebigkeitsgeschwafel bloßzustellen, ging den Redakteuren und vielen Lesern erst dann auf, als der Autor selbst seinen Text als blühenden Unsinn bezeichnete. Da wird zum Beispiel gegen die weltliche Priesterherrschaft von Naturwissenschaftlern gewettert oder auf die Geschichtsbedingtheit Newtonscher Gesetze verwiesen. Oder es heißt:

So wie liberale Feministinnen häufig mit einem Minimum an legaler und sozialer Gleichberechtigung für Frauen (...) zufrieden sind, sind auch liberale (und manchmal sogar sozialistische) Mathematiker häufig bereit, mit dem hegemonistischen Zermelo-Fraenkel-Modell (das infolge seines Ursprungs im 19. Jahrhundert bereits das Axiom der Gleichheit einschließt) zu arbeiten, das nur durch das Axiom der Wahl ergänzt wird. Dieser Rahmen ist aber völlig unzureichend für eine Mathematik der Befreiung."[12]

Beispiel zwei: Die Deutsche Telekom bemüht bei ihrer Werbung[13] für Zugangsgeräte zu den weltweiten Netzen die Zukunft: „Zukunft ist, sich blitzschnell das Wissen der Welt aus dem Internet zu holen." Donnerwetter, denken wir, wie praktisch, wie bequem. Wird der alte Traum der Aufklärung vom allseits gebildeten Bürger Wirklichkeit – oder werden wir für dumm verkauft? Daß ein Unterscheidungs- und Gliederungsvermögen für gering erachtet wird, zeigt schon die verheißungsvolle Aufzählung der Telekom:

Technik. Wissenschaft. Wirtschaft. Sprachen. Computer. Biologie. Medizin. Sport. Literatur. Philosophie. Kunst. Lexika. Global Learning macht Sie und Ihre Mitarbeiter umfassend schlau.[14]

Und was sagt lycos, ein Navigationsportal: „Das komplexe Wissen der Menschheit. Jederzeit für Jedermann. Einfach per Mausklick."

Beispiel drei,[15] ein drastisches aus der verzweigten Esoterikszene: Eine Frau, eine studierte Behindertenpädagogin, schloß sich in Deutschland mit ihrem zweijährigen Sohn der Gefolgschaft des indischen Gurus Sant Thakar Singh an – und zwar auf Drängen ihres Lebensgefährten, der sie sonst zu verlassen drohte. In dieser Gemeinschaft mußten die Kinder jeden Tag viele Stunden lang mit verbundenen Augen und einem zugestöpselten Ohr meditieren, um „ihre Seele aus den niedrigen Sphären in den höheren Bereich, in den Machtbereich Gottes aufsteigen zu lassen" und „das göttliche Licht und den inneren göttlichen Ton zu erfahren". Erst als das Jugendamt der Mutter etwa zwei Jahre später androhte, ihr wegen Kindesmißhandlung das Sorgerecht für ihren Sohn zu entziehen, entschied sich die Behindertenpädagogin gegen Guru und Lebensgefährten und für ihr Kind, das nunmehr behindert war.

Beispiel vier: einige Filmtitel (deutsche Produktionen) von SAT.1 und RTL im März und April 1997:[16] *Anna – Im Banne des Bösen. Viel Spaß mit meiner Frau. Blut an der Wiege. Terror im Namen der Liebe. Das Baby der schwangeren Toten. Natalie, die Hölle nach dem Babystrich. Tod im Paradies. Saskia – schwanger zum Sex gezwungen. Lebenslang ist nicht genug. Nackt im Cabrio.*

Einige Talk-Show-Themen von SAT.1, RTL und ProSieben von März bis Mai 1998:[17] *Sex ist mein Hobby. Mein Nachbar nervte – da hab' ich zugeschlagen. Mein Busen ist der schönste. Alle Frauen sind käuflich. Dicke in Dessous – Das will ich sehen! Beamte sind Schmarotzer und faul. Nackte Tatsachen – ich kenne keine Scham. Ich kann nicht lesen und nicht schreiben, bin ich deshalb dumm? Vorspiel! – Nein Danke. Junge Leute taugen nichts. Ich bin doch nicht verrückt – ich habe Außerirdische gesehen. Rothaarige – Hexen oder Heilige? Gute Manieren – Scheiß drauf. Lieber schön und dumm als schlau und häßlich. Arme Studenten? – Euch geht's doch viel zu gut! Ich hasse Kinder. Ich hasse meinen Bruder. Euch Knackis geht es viel zu gut. Fett in Strapsen macht mich an. Kondome – Nein danke! Ich laß mir doch den Spaß nicht verderben. Ich hab´ schon mal gelebt. Ich pinkle nur im Stehen.*

Einige Kunststücke im Bereich der menschlichen Gesichtspartie in *Guinness – Die Show der Rekorde* (Dezember 1998, Januar 1999): die Augen 11 mm aus den Höhlen quellen lassen (der Moderator: „Es sieht so irr aus. Ist das ansteckend?"); 81 Wäscheklammern im Gesicht angebracht („Das ist unfaßbar"); eine Kaugummiblase von etwa 55 cm Durchmesser aufgeblasen („ein großes Kunstwerk"); einen Kleinwagen auf dem Kopf getragen („so super"). „Es gibt so freakige Menschen", sagt der Moderator.

Dumme Sinnsysteme als simple, von Denkschmerzen befreiende Antwortversuche auf gesellschaftliche Herausforderungen

Postmodernes Abschwören jedweder Urteilsfähigkeit (erstes Beispiel), multimediales Preisen der rasenden Dateninflation (zweites Beispiel), esoterische Abwertungen des Verstandesgebrauchs und Fluchten in ich-lose Welten (drittes Beispiel), schwachsinniger Firlefanz und mordsgeiles Halligalli im Fernsehen (viertes Beispiel): solche Entwürfe sind sozusagen dumme Antworten auf moderne gesellschaftliche Herausforderungen – und zwar erstens die (multikulturelle) Pluralisierung der Lebenslagen, zweitens die allgegenwärtige Erwartung in der sogenannten Informationsgesellschaft, (besser als die anderen) „informiert" zu sein, drittens den grassierenden Ich(er)findungsanspruch und viertens den Druck der leeren Zeit.

Die Pluralisierung der Lebensumstände und der postmoderne Affekt gegen das Allgemeingültige

Man erlaube sich den Scherz, sich vorzustellen, Martin Luther hätte vor dem Wormser Reichstag 1521 nicht, wie überliefert, gesagt: „Hier stehe ich! Ich kann nicht anders. Gott helfe mir! Amen", sondern: „Hier stehe ich! Ich kann auch anders. Walte, Fortuna! Abracadabra."

Ein postmoderner Abschied vom Prinzipiellen zugunsten einer Anerkennung jedweder Weltsicht als gleichwertig ist eine schlichte, beruhigende Antwort auf verwirrende, hautnahe Erfahrungen von Pluralität der Lebensformen, übermittelt heute durch Fernsehen und über elektronische Netze, erlebbar und erprobbar in „multikulturellen" Großstadtbezirken oder auf Reisen in die hintersten Winkel der Welt.

Mit der Absage an jeden Wahrheits-, Vernunft- und Moraluniversalismus[18] entfällt für den Postmodernismus die Suche nach archimedischen Punkten, von denen aus eine kritische Distanz zu den soziokulturellen Besonderheiten – auch den eigenen – zu halten wäre. Die pluralen Welten gewinnen ihre Wirklichkeit in und aus „Erzählungen", metaphernreichen Sprachspielen, Mythen, die keiner Begründungspflicht unterliegen: Sie lauten, wie sie lauten. Die Bereitschaft zu Austausch und Verständigung geht zurück zugunsten eines appellativen Sprechens. Dabei wird oft das entsprechende eigene Erlebnis als Voraussetzung des Verstehens genannt und dem anderen bedeutet, daß er vielleicht noch „nicht soweit sei". Versuche, die unterschiedlichen Weltkonstruktionen erklären zu wollen, geraten schnell unter den Verdacht eines westlichen „intellektuellen Terrorismus". Überhaupt sei die große „Meta-Erzählung" der Aufklärung von Vernunft, Fortschritt und der Autonomie des Subjektes zu einem kläglichen Ende gekommen.

Sicherlich, die weltweit übermittelte und praktizierte Pluralität von Lebensformen und Gedankenwelten kann willkommenen Anlaß geben zu Offenheit, Toleranz und Grenzüberschreitungen. Eine postmoderne Weltauffassung der Standpunktlosigkeit aber, die alles für möglich und gleich gerechtfertigt, für richtig und wichtig hält, ist hoch anfällig für die Dummheit der Beliebigkeiten. Unterscheidendes Denken wird ersetzt durch beschwörendes

Reden und Tun. Wissenschaften und Religionen gelten gleichermaßen als Glaubenssysteme, eine Behauptung ist ebenso richtig wie ihr Gegenteil, eine magische Handlung ebenso zielgerecht wie eine rational angeleitete. Wenn Erkenntnis- und Beurteilungskriterien fehlen, klingt jedes Potpourri – den richtigen Gemütszustand vorausgesetzt – gleich schön.

Systeme der Informationsdummheit in der Informationsgesellschaft

Der kokette Seufzer des alten Sokrates, daß er wisse, daß er nichts wisse, wurde ja über die Jahrhunderte hin wiederholt, scheint aber in der sogenannten Informationsgesellschaft von dem unsicheren Befinden abgelöst zu werden: Ich weiß nicht, was ich wissen will. Die Informationsindustrie, die allenthalben ihre Produkte feilbietet, möchte ihre Konsumenten überzeugen, daß das, was immer sie haben, nicht genug sei. Sie nährt die ängstliche Ahnung, daß es uns, um auf Dauer mithalten zu können, immer wieder an „Infos" und „News" fehlen wird – aber an welchen?

Im Zuge der digitalen Revolution, heißt es, könne jeder auf den Wissensmeeren surfen. Wem das Wort „surfen" zu sehr auf geringen Tiefgang, auf Ziellosigkeit, Flüchtigkeit und bloßen Gegenwartsbezug hinweist, der mag es mit „tauchen" versuchen. Elektronische Ozeane des Wissens? Nein, es sind oft nur Datenwüsten, von Informationswirbelstürmen aus billigen Effekten und erbärmlicher Schnellsprache durchzogen, Aufhäufungen von Nichtigkeiten und Abstrusitäten mit wachsender Verfallsgeschwindigkeit – und im Hintergrund die gleißnerische Fata Morgana von Wissen und „Infolektualität".[19] Aber riesige Ansammlungen beliebiger Informationen – und zwar nur von solchen, die sich mediengerecht aufbereiten und verdaten lassen – stellen noch keinen Wissensschatz dar; denn darin stecken Bedeutungszuweisungen, Gewichtungen, Erkundungen von Zusammenhängen und Regeln, Aufzeigen historischer Bezüge, Verfolgen von Entwicklungslinien – und sehr vieles, was nicht wissenswert ist, wäre zu „entsorgen".

„Je mehr wir wissen, um so mehr müssen wir denken. Und nicht in der Hoffnung auf *big brother* in den Computer eingeben, was das Zeug hält."[20] Zur vielbeschworenen Medienkompetenz gehört es, die Langsamkeit des Denkens zu entdecken und das

Recht auf Nichtkenntnisnahme von Informationen wahrzunehmen – und das gegen die Lockrufe von Systemen der Informationsdummheit, die so viel versprechen: daß wir blitzschnell alles über alles erfahren können und daß alles gleich wichtig und sehr wichtig ist – und wir wichtig werden, wenn wir dergestalt informiert sind.

Der Individualisierungsdruck und die esoterische Aufrüstung des Gefühls gegen den Verstand

Den modernen Menschen wird eine zunehmende Individualisierung der Lebensführung als Chance angeboten *und* als Zwang auferlegt. Überlieferte Bilder von Gott und der Welt, Traditionen und Konventionen gaben ehedem Halt, gaben Maßstäbe zur Hand und dem Leben für selbstverständlich erachtete Richtungen. Sie verblassen heute oder werden zurückgewiesen. Wir wollen und sollen weitgehend auf uns selbst gestellt sein, wir wollen und sollen „etwas aus uns machen" – aber was? Wir wollen uns selbst finden, aber finden wir da immer etwas? Wer bin ich wirklich, wann bin ich ganz bei mir, wie gehe ich mit mir um? Die Dringlichkeit der Fragen und die Vielfalt, aber auch Unbestimmtheit der Antwortmöglichkeiten können ängstigen und zu Identitätszweifeln führen. Hier bietet Esoterik die Hilfe einer gewissen Selbstentmündigung an.

„Erkenne dich selbst", heißt eine Inschrift am Apollotempel von Delphi. In einem modernen, eher rationalen Verständnis lautet dieses Gebot: Sei du selbst – wobei das, was jemand ist, für diesen nicht unmittelbar erkennbar ist, sondern nur reflexiv, also von einer Betrachterposition, von einem inneren anderen aus – und die Weisen des Sehens, des Wählens und des Hineinsehens können unterschiedlich und wandelbar sein. In diesem Sinne wäre das moderne subjektive Selbst ein zerbrechliches Ergebnis der reflexiv verschlungenen Vorgänge des Findens und Konstruierens – und dieses Selbst würde die Spannung zwischen Existieren und Reflektieren nicht nur ertragen, sondern auch als einen Beweggrund für Versuche einer Selbstverwirklichung schätzen.

Esoterischen Sichtweisen aber gelten diese Spannung, dieser Subjektivitätsanspruch des Einzigartigen als Zeichen der Entzweiung, der Entfremdung von der Ursprungsnatur, von der Schöpfung, von der Welt des Geistes hinter den Erscheinungen oder von den Wirkkräften des erhabenen Universums. „Erkenne dich selbst", heißt hier in etwa: Sieh ab vom scheinhaften Ich, vergewissere dich durch innere, unmittelbare Erfahrung deiner Teilhabe am allumfassenden Einheitsprinzip, das alles erschafft und bewegt, verspüre den zeitlosen göttlichen Wesenskern in dir.

Worin besteht nun dieses Prinzip, und wie begründet esoterisches Wissen seinen Wahrheitsanspruch? Während im modernen Weltbild, das die Möglichkeiten von Fortschritt einschließt, die „Neuheit" begründeter Erkenntnis hohe Aufmerksamkeit beanspruchen kann, ist im esoterischen Verständnis vielfach ein Wissen um so vertrauenserweckender, je *älter* es zu sein scheint. Der Überlieferung nach soll Hermes Trismegistos („der dreimal Größte" hermetischer Philosophie) auf einer smaragdenen Tafel die Grundgesetze des Kosmos – ein Basistext der abendländischen Esoterik – eingegraben haben. Wer nun wissen will, wer Hermes Trismegistos war, bemerkt eine esoterische Neigung, zur Steigerung der geistigen Autorität des Meisters (und seiner Interpreten) ihn geschichtlich möglichst weit zurückzuversetzen und mythologisch in die Nähe von Göttern zu plazieren. Während ihn der Esoterikkritiker Goldner prosaisch einen Neuplatoniker um 250 n. Chr. nennt, taucht er bei Venediger, „auch als ‚Thot' bekannt, ca. 3000 v. Chr. in Altägypten" auf.[21] Thot war der ägyptische Gott des Mondes und der Gelehrsamkeit, war Götterbote und Seelenführer und trat in der Gestalt von Ibis oder Pavian auf. War dieser Hermes Trismegistos eine spätantike griechische Namensübertragung auf Thot? Bei Leuenberger ist es

„eine legendäre Figur, halb Gott, halb Mensch", dessen Grab und Mumie Alexander der Große (356–323 v. Chr) der Legende nach entdeckt hat – in der Hand des Toten die „Tabula Smaragdina".[22]

Die Botschaft auf der Tafel kann in vier Grundprinzipien zusammengefaßt werden:[23] „1. Wie oben (Makrokosmos), so unten (Mikrokosmos Mensch; der Verf.). 2. Alles in der Welt ist polar. 3. Zwischen den Polen herrscht ein Kraftfluß, der ein Neues, ein Drittes entstehen läßt. 4. Alles im Kosmos läuft zyklisch, rhythmisch ab und untersteht dem Gesetz der Balance und Ausgewogenheit." Alles also ist mit allem spannungsreich irgendwie verbunden, es gibt keine Zufälle, alle Ereignisse haben ihren Sinn –

und das, was alles zusammenhält, wird „Spirit" genannt oder „All-Geist", „göttliches Prinzip" oder „Prinzip Liebe".

Nüchtern betrachtet, sind solche Sätze nicht falsch und nicht wahr – einfach deshalb, weil sie nichts aussagen. Indem sie alles sagen wollen, werden sie – erkenntnislogisch gesehen – leer. Dieser Leere, die als Geheimnis daherkommt, wird nun mit einer Erkenntnistheorie der Introspektion begegnet, mit „den Augen des Bauches".[24] Voluminöse Gefühle sollen unsagbare Inhalte schaffen, nicht selten angespornt oder hervorgerufen durch bestimmte Atem- oder Trancemethoden oder die Suggestivkraft von Geist- und Seelenheiler/innen, die sich ihrer früheren Leben gefühlsmäßig ganz sicher sind oder glaubhaft von Ausflügen in die Zukunft, ins Innere von Steinen oder von Begegnungen mit Dämonen oder dem Universalgeist erzählen können.

Intensive Seelenerlebnisse gelten als „echter" und wahrheitsfähiger als eine Nachdenklichkeit, die kritisch zu urteilen versucht. Verstand und Verbalität werden abgewertet als zerpflückend oder schablonenhaft klassifizierend bis hin zur „Hirnwichserei"[25]. Geradezu gebetsmühlenartig wiederholen Esoteriker aller Couleurs, daß die Gefühle zugelassen und angenommen werden müssen – unterdrückt oder blockiert oder zersetzt durch einen abgespaltenen Intellekt oder Verstand im beschränkten Rahmen eines mental-ichhaften Bewußtseins.[26] Und im Blick auf die Mythen, deren „ewige Wahrheiten durch Bilder sprechen", befindet Venediger in ihrem Einweihungsbuch: „Die menschliche Seele versteht diese Bilder, nur der Verstand nicht."[27] Warum eigentlich nicht? Vermutlich oft anders, genauer und im Bewußtsein, daß es stets mehrere Sinndeutungsmöglichkeiten gibt. Wenn wahren Gefühlen oder bestimmten inneren Befindlichkeiten die entscheidende Erkenntniskraft zugesprochen wird, ist ja die unwiderlegliche Letztbegründung des Erkannten gleich mitgeliefert. Aus solchen in sich selbst verkrümmten Weltschauweisen gibt es dann keine mentale Ausgangspforte mehr.

Zu geradezu monströsen Dummheitssystemen werden manche esoterischen Weltbilder, wenn sie zusätzlich noch magische Allmachtsphantasien anbieten – etwa dergestalt, daß das richtige Wünschen via Spirit tatsächlich Wirklichkeit erzeugen könne, daß damit sogar die eigene physische Unsterblichkeit in Aussicht stehe oder daß wahrhaft „Erleuchtete" zum Beispiel bei einem

Atomkraftwerksunfall die Gefahren radioaktiver Strahlungen für sich selbst „wegmeditieren" könnten.[28]

Strahlende Dummheit:
das (kommerzielle) Unterhaltungsfernsehen

Was da so aus dem Bildschirm quillt an Rambazamba und Halligalli, an Brüsten, Blut und Blödsinn, an Firlefanz und Ficken, an Tränen und Trallala, an „Allerweltsungewöhnlichkeiten":[29] Die Einschätzung vieler Intellektueller, daß das gängige (kommerzielle) Unterhaltungsfernsehen dumm ist, macht oder hält, scheint von etwa der Hälfte der Bürger durchaus geteilt zu werden[30] – was aber kaum jemanden davon abhält, davorzusitzen (europäischer Durchschnitt: 200 Min. täglich) und dabei mittels der Fernbedienung von Kanal zu Kanal zu hüpfen (durchschnittliche Verweildauer bei einer Sendung in der BRD derzeit: 10–12 Minuten).[31]

Bei den Erwartungen des Durchschnittszuschauers an das Fernsehen hat Unterhaltung bei weitem den Vorrang. Sie gilt als ein Gegenteil von genauerem Nachdenken, Lernen und Langsamkeit und hat die zwei Seiten der Erregung (Triebleben und Überlebenskampf, spannend aufgemacht) und der Befriedung (bei etwas „Nettem", „Heiterem", „Schönem"). Das alles soll voraussetzungslos sein: Der Zuschauer will nichts „mitbringen", was besondere Kenntnisse oder Wahrnehmungsfähigkeiten angeht. Er will alles auf Anhieb sofort „mitbekommen".

Wie nehmen die kommerziellen Anbieter den Durchschnittsbetrachter, „der die Quote bringt" und der einem Werbedruck ausgesetzt werden soll, in seinen Unterhaltungserwartungen wahr? Vier Facetten dieses Bildes sollen hier kurz aufgeführt werden. Dieser Zuschauer gilt den Anbietern in der Tendenz als A) ein nimmersatter „Gaffer", B) ein anhimmelnder „Fan", C) ein spracharmer Spaßsucher und D) ein beflissener Kandidat für eine „Augenblicksberühmtheit" durch kleine eigene Teilnahme.

A) Das Bild vom Gaffer und Schlüssellochgucker: Er will televisionär so nah ran und so tief hinein wie möglich – nah ran an Gesichter (oft von extremen Gefühlen verzerrt) und an das Triebleben (oft durch Absonderlichkeiten gekennzeichnet), tief hinein in die anrührenden oder nervenkitzelnden Ereignisse (oft monströser Art) – und das alles bequem vom Fernsehsessel aus oder qua Seitenblick beim Bügeln. Dieser Schaulustige leidet an allmählicher Gefühlsabstumpfung und verlangt deshalb nach einer immer höher dosierten und immer schneller verabreichten Reizzufuhr – wobei die Bildschirme auch Schutzschirme sind: Ich bin dabei, aber es betrifft mich nicht.

B) Das Bild vom „Fan": Das Unterhaltungsfernsehen braucht möglichst viele „Fans von ..." und redet die Zuschauer unentwegt als solche an, wobei zwischen „harten" Fans (etwa von Fußballclubs oder Rennfahrern) und „weichen" Hingabefans von Stars an den Show-Himmeln unterschieden werden kann. Im Unterschied zu Sternen (die selbständig leuchten) benötigen Stars außerhalb liegende Lichtquellen, die sie anstrahlen – und dazu gehören ihre Fans, auf die der Abglanz des Abglanzes wieder zurückfällt. Fans und Stars sind wechselseitig aufeinander angewiesen. Dabei ist das Verhältnis von Fans zu Stars durch eine eigentümliche distanzlose Distanz gekennzeichnet. Im Unterschied zum alten Sternengukker kann der moderne Fan sich dem angehimmelten Wesen qua Großaufnahme immer wieder bis auf wenige Zentimeter nähern und tief in die Augen blicken – und träumt doch davon, es zumindest einmal aus der Ferne „in echt", leibhaftig sehen zu dürfen, vielleicht ein Schild hochhaltend, wie viele andere Fans auch: „I love you".

C) Das Bild vom spracharmen Spaßsucher: „Spaß muß sein." Ob dieser Spruch vielleicht paradox ist (das zwanghafte Zwanglose) oder Spaß auf Kosten anderer meint,[32] schert den modernen, vom Unterhaltungsfernsehen gehätschelten Lachlustigen wenig. Der hat Fun offenbar zum ersten Menschenrecht erklärt und sich eine entsprechende Moral zurechtgelegt: Was Spaß macht, muß erlaubt sein – zumindest im Fernsehen.

Spaß Schlag auf Schlag. Und alles, was nach Überlegung und feinerem Esprit riecht, wird als abgehoben oder dünkelhaft verdächtigt und verdirbt den Spaß. Zum Nachdenken will eigentlich nur die Werbung anregen: Was brauche ich noch, um fit for fun zu sein?

Komik und Klamauk dienen im üblichen Unterhaltungsfernsehen nicht dazu, Situationen zu erhellen, Erkenntnisse zu bewirken oder neuen Sinn zu stiften. Sie dienen einem Amüsement, das sich im schillernden Immergleichen und Bekannten lachend und spracharm in Kreise dreht. Zwischen plappernden Entertainern und Filmhelden, die ohne viele Worte brutal für das Gute kämpfen, fristet die Sprache der televisionären Vergnügungsindustrie ein kümmerliches Dasein, verstümmelt und verhunzt.

D) Das Bild vom namenlosen Studiogast: Die kommerziellen Anbieter nennen es gerne eine Demokratisierung des Fernsehens, wenn immer mehr Alltagsbürger darin auftreten und die *gameshows*, *talkshows* und *reality-soaps* bevölkern. Hier dürfen Belanglosigkeiten aufgeblasen werden. Hier feiern oft körperlich-seelischer Exhibitionismus und Voyeurismus derb-fröhliche Brüderschaft, unterstützt von Geltungs- und Klatschbedürfnissen. In diesen Shows wird schlicht davon ausgegangen, daß „rohe Emotionen" echter und ehrlicher sind als feinere und daß „nackte Wahrheiten" wahrer und interessanter sind als verborgene.

Warum reißen sich so viele Menschen darum, im Fernsehen alles Mögliche mit sich machen zu lassen, sich zur Schau zu stellen, Risiken einzugehen, „vorgeführt" zu werden, Allerpersönlichstes preiszugeben (wobei mit der Zunahme der Bekennerkonkurrenz die Scham abnimmt)? Der Hauptgrund scheint in dem verbreiteten Bedürfnis zu liegen, einmal (auch leistungsunabhängig) „wer zu sein", eine Augenblicksberühmtheit. In einer Gesellschaft, die allenthalben Selbstverwirklichung in Aussicht stellt und anmahnt, wollen viele Menschen dadurch, daß sie in Shows alle Augen auf sich gerichtet fühlen, mal so richtig „gegenwärtig" sein, sich selbst eine gesteigerte, „wirkliche" Wirklichkeit geben. Diese Wirklichkeit ist freilich bloß geborgt und verfliegt schnell, konserviert meist nur auf dem heimischen Videoband.

Unter dem gewaltigen Einfluß des Fernsehens, meint der Intelligenzforscher Joseph Chilton Pearce,[33] sei das Ende der menschlichen Evolution gekommen. Weil die Gehirne (insbesondere die von Kindern und Jugendlichen, aber auch die von Erwachsenen) nicht mehr genügend stimuliert würden, weil die Potentiale unausgeschöpft blieben, weil die sinnlichen, sprachlichen, emotionalen und sozialen Fähigkeiten nicht mehr ausreichend entwickelt würden, ginge die Zukunft verloren; denn es könne kein inneres Szenario mehr gebildet werden, um das äußere zu überschreiten, um entwerfen, planen und hoffen zu können. Homo stultus via TV?

Moria, die Göttin ohne Tempel, aber mit unzähligen Standbildern: den Menschen

Die Göttin der Dummheit, deren Eigenlob Erasmus von Rotterdam lauschte, verpaßt den Menschen Eselsohren und den Hang zur Selbsttäuschung, um ihnen das Leben zu versüßen. Mag sein, daß sie ihre Wirkung ein wenig überschätzt; denn nicht alle Menschen verdanken ihr Glück dieser Eigenschaft. Aber sie hat ja in ihrem Füllhorn, wie wir gesehen haben, noch weitere Gaben, nämlich Sinnsysteme der Dummheit, die nicht unbedingt für das ganze Leben gedacht sind und die auch Gescheite zu schätzen vermögen.

Dumme Sinnsysteme erleichtern das Leben, entlasten heute vom Komplexitäts- und Rationalitätsdruck der modernen Welt, bieten ausgedehnte Denkferien. So können die Pluralisierung der Lebensarten und die Digitalisierung ungeheurer Datenmassen dazu führen, auf kritische Urteilskraft zu verzichten, allen gleichermaßen recht zu geben („Postmodernismus") oder beliebige Überinformation als Wissen auszugeben. Im Rahmen der Individualisierung der Lebensführungen werden die Menschen verstärkt auf sich selbst verwiesen, auf Fragen von Selbstfindung und Selbsterfüllung. Hier bietet Esoterik oft allessagende und damit nichtssagende Antworten und gleichermaßen erhabene wie anheimelnde Fluchtorte vor den Anstrengungen eines prüfenden, vergleichenden und bescheidenen Denkens – Orte, wo die Seele sich fast nur noch von (kosmisch verrührtem) Gefühlsbrei nährt. Und das Unterhaltungsfernsehen hilft nicht nur, Zeit zu vernichten, sondern auch, die Welt zu entproblematisieren. Was zählt, ist Fun.

Für solche Dummheitsgebilde[34] nicht anfällig und nicht darauf angewiesen zu sein – das würde zur Klugheit gehören.

Uwe Wirth

Diskursive Dummheit

„Das, und nur das ist der Inhalt unserer Kultur", schreibt Karl Kraus, „die Rapidität, mit der uns die Dummheit in ihren Wirbel zieht."[1] In diesem Satz steckt mehr, als der hinlänglich bekannte „typisch Kraussche" Kulturpessimismus – er setzt Dummheit und Kultur in ein Verhältnis, das durch die Geschwindigkeit ausgezeichnet ist, mit der die Dummheit von der Kultur Besitz ergreift. Mit anderen Worten: Nicht die Dummheit als solche ist für Kraus das Besondere unserer Kultur, sondern die sich selbst beschleunigende „Ökonomie der Dummheit". Diese Dynamik hat sich seit dem Beginn des 20. Jahrhunderts keineswegs verlangsamt, sondern verstärkt. Nie wurde in so kurzer Zeit soviel Dummheit verbreitet wie heute.

Dummheit zeigt sich daran, wie man über die Welt redet und wie man die Welt interpretiert – insofern ist sie ein diskursives Problem. Deshalb möchte ich den Begriff der „diskursiven Dummheit" einführen.[2] Was Foucault als Aufgabe der „Diskursanalyse" ansah, nämlich „jene dunklen Formen und Kräfte" aufzustöbern, „mit denen man gewöhnlich die Diskurse der Menschen miteinander verbindet",[3] gilt für die Dummheit in besonderem Maße: Sie verbindet als „Kraft, die in der ganzen Welt wirkt", wie Erasmus von Rotterdam schreibt, die unterschiedlichsten Diskurse – Wissenschaft, Literatur, Philosophie, Politik, Journalismus und neuerdings das Internet – und entpuppt sich dergestalt als Grundlagenproblem. Mit anderen Worten: Die Diskursanalyse ist passé. Die Analyse der verschiedenartigen dunklen Formen und Kräfte diskursiver Dummheit ist angesagt. Fragen wir also nach den Ursachen und den Folgen.

1. Die Ursachen diskursiver Dummheit

Der Dumme ist, wie es in der *Kritik der reinen Vernunft* heißt, ein „stumpfer oder eingeschränkter Kopf, dem es an nichts als an gehörigem Grade des Verstehens (...) mangelt".[4] Deshalb definiert Kant die Dummheit in seinen *Schriften zur Anthropologie* als

„Mangel an Urteilskraft ohne Witz".[5] Die Urteilskraft bestimmt, wie etwas – ausgehend von unserem Vorwissen und unserer bisherigen Erfahrung – zu verstehen ist; der Witz eröffnet durch Analogiebildung neue, „gewitzte" Möglichkeiten des Verstehens. Die Dummheit ist insofern also eine Mangelerscheinung, die die beiden zentralen Aspekte unseres Vermögens, „angemessen zu verstehen" und „anders zu verstehen", betrifft.

Genau wie Kant führt Hobbes die Dummheit im *Leviathan* auf einen „want of understanding" zurück, auf ein mangelndes Vermögen, die Welt angemessen verstehen zu können. Dabei trifft er eine interessante Unterscheidung: Während unsere intellektuellen Fähigkeiten auf „natural wit" beruhen, also auf unserer angeborenen, gewitzten Einsicht in die Natur der Dinge, ist die Dummheit kein natürliches Phänomen, sondern vielmehr ein methodisches Problem. Sie ist Folge einer interpretativen Inkompetenz, die Hobbes als „want of method" bezeichnet. Dummheit entspringt nicht nur der Unkenntnis von Tatsachen, die zur Bildung eines Urteils erforderlich sind, sondern auch der mangelnden Fähigkeit, richtig zu denken und sich dieses Mangels bewußt zu werden.

Die britische Kinokomödie *Ein Fisch namens Wanda* liefert ein anschauliches Beispiel für diese These, ja sie überbietet sie am Ende sogar noch: Wandas Liebhaber, der tumbe Gewaltmensch Otto, hält sich für einen Philosophen. Wanda, die Heldin, stellt ihn zur Rede:

„… du hältst dich für einen Intellektuellen nicht war, du Affe?"
„Affen lesen keine Philosophen".
„Doch, das tun sie, Otto. Sie verstehen sie bloß nicht. Laß mich mal ein paar Dinge klarstellen, o.k.? Aristoteles war kein Belgier. Die zentrale Botschaft des Buddhismus lautet nicht ‚Jeder ist sich selbst der Nächste' (…). Und … die Londoner ‚Underground' ist keine politische Bewegung. Das sind alles Irrtümer, Otto, ich hab das nachgeschlagen."

Der Psychologe Horst Geyer bestimmt die Dummheit als einen Zustand, bei dem ein normaler, erwachsener, durchschnittlich begabter Mensch Antworten gibt, die sich in der Mitte zwischen Schwachsinn und Unwissenheit befinden und auf unfreiwillige Weise komisch wirken.[6] Die Ursache dafür, daß uns die Dummheit „komisch vorkommt", ist das Erstaunen darüber, wie jemand Fakten und Zusammenhänge nicht kennen kann, die wir als selbstverständlich voraussetzen.

Dabei kann aber, wie obiges Beispiel zeigt, ein Mangel an Wissen durch methodisches Vorgehen ausgeglichen werden. Trotz beklagenswerter Wissenslücken erweist sich Wanda als gute Popperianerin: Sie überprüft die von Otto aufgestellten Hypothesen, weist ihre Unhaltbarkeit nach und lernt aus seinen Fehlern. Tatsächlich dient ja der wissenschaftliche Erkenntnisprozeß dazu, die Dummheit anderer oder die eigene Dummheit zu korrigieren, wobei sich dieser Korrekturprozeß nicht nur auf „inhaltliche Dummheiten" beschränkt, sondern auch „prozedurale Dummheiten" betrifft.

Dummheit und die Ökonomie des Forschens
Der Prozeß des Wissenserwerbs besteht darin, angesichts eines erklärungsbedürftigen Phänomens einige Hypothesen aufzustellen und diese so zu formulieren, daß sie durch Experimente überprüft werden können. Schon lange vor den epistemologischen Überlegungen Poppers und Kuhns entwickelte der amerikanische Philosoph Charles Sanders Peirce ein pragmatisches Konzept wissenschaftlichen Hypothesen-Aufstellens, das er als „Abduktion" bezeichnete. Die Abduktion ist eine Strategie, die dazu dienen soll, erklärungsmächtige Hypothesen aufzustellen – ein Konzept, das insofern der Kantischen Urteilskraft entspricht, als es zwischen verschiedenen Momenten der Vernunft vermittelt.

Der abduktive Prozeß steht im Spannungsfeld zweier Überlegungen. Einmal, daß die Hypothesen plausibel sein sollen. Zum anderen, daß das Testverfahren, mit dem man die Hypothesen überprüft, ein Höchstmaß an Effektivität garantiert. Dabei soll die Hypothese, wie Peirce schreibt, „eindeutig als Frage gestellt werden, bevor man Beobachtungen zur Überprüfung ihrer Wahrheit macht".[7]

Peirce vergleicht den Prozeß des Hypothesen-Aufstellens mit dem sogenannten „Zwanzig-Fragen-Spiel", also einer Art epistemologischen „Was bin ich?", bei dem es darum geht, daß eine Partei mit Hilfe von zwanzig Ja-oder-Nein-Fragen einen Gegenstand erraten muß, den sich die andere Partei ausgedacht hat. Dabei, so Peirce, erreichen „zwanzig geschickt formulierte Hypothesen" das, was man „mit zweihundert tausend dummen Hypothesen nicht erreichen könnte".[8] Das Geschick des klugen Fragestellers basiert darauf, daß bei jeder Frage immer nur ein kleiner propositionaler Bestandteil der Hypothese riskiert wird, damit man bei einem „Nein" nicht die ganze Hypothese korrigieren muß, sondern das „Nein" als Informationsquelle nutzen kann, wie sich die Hypothese so modifizieren läßt, daß die nächste Frage mit „Ja" beantwortet werden wird. Es geht also darum, beim Prozeß des Hypothesenaufstellens die Verlustchancen zu minimieren.

Die „wissenschaftliche Methode" ist ein Auswahlkriterium für „gute Hypothesen", das den Forschungsaufwand in Relation zum erwarteten Resultat bringt. Dieses Prinzip nennt Peirce „Economy of Research": Für ihn ist die „Ökonomie der Forschung", also der Aufwand an Geld, Zeit, Denken und Energie, die leitende Überlegung des abduktiven Prozesses.[9] Dieses Bild bestimmt bis heute den Diskurs der Wissenschaft, aber auch alle anderen Formen methodischen Interpretierens. So schreibt der Wissenschaftstheoretiker Nicholas Rescher, die „Evolution des Wissens" folge der Dynamik „ökonomischer Rationalität", weshalb sich genau die Verfahren durchsetzten, „die kosteneffizient sind".[10] Die so verstandene „wissenschaftliche Methode" ist eine „Klugheitsstrategie", die die Einsicht in die grundsätzliche Fallibilität unserer Hypothesen mit dem Gedanken ihrer effektiven Prüfbarkeit verbindet. Klugerweise sollten wir uns zuerst jenen Hypothesen zuwenden, die sich am einfachsten falsifizieren lassen und uns dennoch „instinktiv plausibel" erscheinen.

Das Pendant zur forschungsökonomischen Rationalität ist für Peirce die Annahme, daß der Mensch „von Natur aus" das Vermögen besitzt, nach einer endlichen Reihe von Versuchen die richtige Hypothese zu erraten. Dieser „Guessing Instinct" ist ein „Spürsinn fürs Relevante", der durch die ökonomische Klugheitsstrategie der Wissenschaft zum „intelligenten Raten" wird. Das Ziel wissenschaftlichen Forschens besteht darin, daß sich „natürlicher Instinkt" und „ökonomische Rationalität" korrigierend so ergänzen, daß Dummheit vermieden wird. Umgekehrt erkennt man eine „dumme Theorie" daran, daß sie weder plausibel, noch einfach prüfbar ist. Peirce gibt folgendes Beispiel:

Angenommen, eine Lärche wurde vom Blitz getroffen und jemand, der ein Liebhaber ebendieser Baumart ist, fragt sich, warum es ausgerechnet die Lärche getroffen hat und nicht einen anderen Baum, und er erhält die folgende Erklärung: Vielleicht gibt es dort oben in den Bergen einen Adlerhorst, und vielleicht hat der männliche Vogel, um sein Nest zu bauen einen Ast benutzt, in dem ein Nagel steckte. Und einer der kleinen Adler hat sich vielleicht an dem Nagel verletzt, so daß Mutter Adler Vater Adler dafür getadelt hat, daß er einen so gefährlichen Ast benutzte. Er, verärgert von ihren Vorwürfen, mag sich dazu entschlossen haben, den Ast weit weg zu bringen. Und während er unterwegs war, begann das Gewitter. Der Blitz schlug in den Nagel ein und wurde vom Eisen so abgeleitet, daß er die Lärche traf. Natürlich ist dies nur eine Annahme, aber um herauszufinden, warum der Baum getroffen wurde, sollte man sich auf die Suche nach dem Adlerhorst machen.[11]

Die Dummheit dieser Hypothese liegt im ökonomischen Mißverhältnis zwischen der Einfachheit der Frage und dem unplausiblen Erklärungsaufwand der Antwort. Der „Mangel an Urteilskraft" tritt hier als „Mangel an abduktiver Kompetenz" zutage, der auf zwei Ursachen zurückzuführen ist: einmal auf die unangemessene Anwendung des Ökonomieprinzips und zum anderen auf einen Mangel an Spürsinn fürs Relevante. Sobald beide Komponenten aufeinandertreffen, sobald also „prozedurale Dummheit" und „Instinktlosigkeit" gemeinsam in Erscheinung treten, nimmt die Dummheit rapide zu. Während alle forschungsökonomischen Klugheitsstrategien letztlich in der Einsicht gipfeln: „Es ist nicht schlimm, wenn du dich irrst, solange du deinen Irrtum bemerkst", besteht das Mißerfolgsgeheimnis der Dummheit darin, sich aufgrund anmaßender Blindheit des eigenen Irrtums gar nicht erst bewußt zu werden.

Ein häufig zitiertes Beispiel hierfür ist der Naturforscher Behringer, der zu Beginn des 18. Jahrhunderts an der Universität Würzburg lehrte. Er hing in blinder Autoritätsgläubigkeit den Theorien des Philosophen Avicenna an, wonach fossile Versteinerungen „Scherze der Natur" seien, hervorgebracht durch eine geheimnisvolle schöpferische Kraft, die sie als Nachbildungen biologischer Formen im Innern des Erdbodens modelliert habe. Fest überzeugt von der Wahrheit dieser Sichtweise, begab sich Behringer mit seinen Studenten auf die Felder Nordbayerns, um sich auf die Suche nach diesen geologischen Bizarrerien zu machen. Tatsächlich fand er Exemplare aller Art, in völliger Übereinstimmung mit Avicennas Theorie. Dann, eines Tages, nachdem der Professor der staunenden Fachwelt bereits eine illustrierte Monographie mit seinen Forschungsergebnissen beschert hatte, grub Behringer ein Fossil aus, auf dem sein eigener Name geschrieben war. Erst da bemerkte er, daß seine Studenten vor jeder Exkursion aus Ton modellierte Formen im Boden vergraben hatten, die er für authentische Fossilien gehalten hatte.

Das starre Festhalten an „fixen Ideen" ist eine der offensichtlichsten Formen „gelehrter Dummheit", die sich jedoch noch steigern läßt, indem man nicht nur unerschütterlich an die Unfehlbarkeit der eigenen Hypothesen glaubt, sondern sie auch noch als unfehlbare Behauptungen formuliert. Die gravierendste Form von Dummheit besteht nach Glucksmann in der Weigerung, „einen möglichen Widerspruch in Betracht zu ziehen".[12] Erst dann, wenn die Dummheit aktiv und dünkelhaft in Erscheinung tritt, läuft sie zur Höchstform auf. Musil bezeichnet diese Haltung als „höhere Dummheit", da sie weniger auf einen Mangel an Intelligenz zurückzuführen ist als vielmehr auf deren Versagen „aus dem Grunde, daß sie sich Leistungen anmaßt, die ihr nicht zustehen".[13]

Ein frappantes Beispiel hierfür liefert Kurt Tucholskys bekannte Psychologen-Satire *In der Hotelhalle*. Der Psychologe prahlt mit seinem Urteilsvermögen.

,Sehen Sie', sagte er, ,es ist nichts als Übung. (...)Ich blättere in den Leuten, wie in aufgeschlagenen Büchern (...) – ich kenne sie alle. Fragen Sie mich bitte.'
,Nun ... zum Beispiel: was ist der da?' (...)
,Der?' Er besann sich keinen Augenblick.
,Das ist ... Der Mann hat, wie Sie sehen, eine fulminante Ähnlichkeit mit dem alten Kaiser Franz Joseph. (...) Seine Haltung – seine Allüren ... (...) Sehen Sie – in dem Mann ist der Ballplatz; Wien; die ganze alte Kultur Österreichs; die Hohe Schule, die sie da geritten haben – tu, Felix, Austria ... Er ist sicher ein Exzellenzherr – irgendein ganz hohes Tier. (...)
,Verblüffend. Wirklich – verblüffend. Woher kennen Sie das nur?'
Er lächelte zu geschmeichelt, um wirklich geschmeichelt zu sein; wie eitel mußte dieser Mensch sein!

Nun, wir wissen, wie es weitergeht. Mit der arroganten Attitüde des Wissenden identifiziert der Psychologe auch bei vier weiteren Personen Beruf und Charakter. Eine „Königin der käuflichen Lust", einen „dicken Weinhändler", eine „ordentliche Bürgersfrau" und einen „typischen Geldmann". Nachdem der Meister gegangen ist, besticht der Erzähler den Portier und erfährt, daß

„der österreichische Höfling ein Nähmaschinenhändler aus Gleiwitz war. Die Königin der käuflichen Lust eine Mrs. Bimstein aus Chikago, der dicke Weinhändler der Clown Grock, die ordentliche Bürgersfrau die Besitzerin eines Bordells, der freche Geldmann ein Dichter der allerjüngsten Schule. Und nur der Psychologe war ein Psychologe".[14]

Der Psychologe, der seine Intelligenz, seine „Einsicht in die Natur der Dinge" demonstrieren wollte, manövriert sich statt dessen durch seine interpretative Überheblichkeit auf optimale Fallhöhe. Zugleich offenbart die interpretative Haltung des Psychologen aber auch eine Unangemessenheit hinsichtlich der Anwendung des „Ökonomieprinzips" – denn er erspart sich den Aufwand, seine Hypothesen vorsichtig zu formulieren und sie selbst einer kritischen Überprüfung zu unterziehen. Die Gleichzeitigkeit vorschnellen Urteilens und interpretativer Überheblichkeit führt zur selbstbeschleunigten Verstärkung der Dummheit.

Dummheit und psychischer Automatismus
Tucholskys Psychologen-Satire ist auch ein Beispiel dafür, daß Dummheit eine der hervorragendsten Quellen der Komik und der Schadenfreude ist. Auch dabei steht das Prinzip der Ökonomie im Mittelpunkt. Denn für Freud kommt es bei der komischen Wirkung auf die „ökonomische Differenz" im Vergleich zum anderen an. Man stellt ein Abweichen von der Norm der ökonomischen Angemessenheit fest. Sei es, daß er es sich unnötig schwer macht, sei es, daß er sich „Aufwand erspart hat, den ich für unerläßlich halte".[15] Wer es sich zu schwer macht, ist dumm. Wer es sich zu leicht macht, ist auch dumm. Die Lust an der komischen Dummheit entsteht aus dem Nachvollzug der Aufwandsdifferenz zwischen uns und dem anderen, unser Lachen wird Ausdruck „lustvoll empfundener Überlegenheit"[16] – was natürlich voraussetzt, daß der Dumme auch tatsächlich der andere ist.

Nicht nur für Freud, auch für Bergson liegt die Ursache der Dummheit in der unangemessenen Anwendung des Ökonomieprinzips, nämlich in der „Überlagerung des Lebendigen durch etwas Mechanisches".[17] Im Automatismus offenbart sich die Dummheit als Mangel an Urteilskraft und als Abweichung vom gesunden Menschenverstand. Dummheit erscheint als spezifische Form der Abweichung von dem, was wir normalerweise erwarten und wie wir die Welt normalerweise verstehen. Wenn wir von der Norm abweichen und bei Rot über die Ampel gehen, ist das weder dumm noch komisch. Aber wenn wir um zwei Uhr morgens vor einer roten Ampel stehenbleiben, obwohl weit und breit kein Auto zu sehen ist, dann wirkt das lächerlich, denn wir haben offensichtlich den Sinn einer Fußgängerampel nicht verstanden.

Dies führt zu einer automatisierten Interpretation von Situationen, in denen man sich die Mühe hätten machen sollen, nachzudenken und sich „kontextsensibel" zu verhalten.

Nehmen wir zum Beispiel Joachim Murat, den Feldmarschall Napoleons, der bei einer Parade einen hochdekorierten Offizier aus Martinique erblickt und ihn fragt: „Vous êtes nègre?" „Oui, mon général", antwortet der Offizier. Und Murat: „Bravo, bravo, continuez!" Die Dummheit des Feldmarschalls entspringt der eklatanten Irrelevanz der Frage, die einen sinnentleerten Automatismus offenbar werden läßt. Die Frage „Sie sind Schwarzer?" setzt ein Wahrnehmungsurteil voraus, das bereits die einzig mögliche Antwort antizipiert, und das „Bravo, weitermachen!" als Reaktion impliziert, daß es ebensogut möglich wäre aufzuhören, schwarz zu sein, wenn dies dem Vorgesetzten besser behagte. In der militärischen Floskel „Weitermachen" vereinigen sich Anmaßung und Einfalt.

Wer sich dergestalt dem Automatismus überläßt, anstatt sich den Anforderungen der Situation anzupassen, macht es sich zu leicht, weil er sich den Aufwand des Nachdenkens spart. Dabei erscheint das von uns allen internalisierte Ökonomieprinzip in zweierlei Gestalt: einmal als ein subjektives Prinzip unseres psychischen Apparats, dem es um die Ersparnis von Unlust geht, zum anderen als ein intersubjektives Leitprinzip klugen Forschens und Interpretierens, das als „Ökonomie des Diskurses" auf die, wie Foucault schreibt, „totale Optimierung" aller Lebensbereiche abzielt.[18]

Das entscheidende Merkmal diskursiver Dummheit besteht darin, daß sich das Ökonomieprinzip selbst übertölpelt, weil es nur noch auf den „Erspariseffekt" abzielt, aber nicht mehr auf den „Mehrwert an Sinn" achtet, den selbständiges Denken einbringt. Es geht beim Erforschen, Interpretieren und Verstehen der Welt nicht mehr um die effektivste Form des Hypothesenaufstellens, sondern nur noch um Schnelligkeit und Einfachheit. Die schnellste und einfachste Form des Denkens ist immer das Stereotype, der Gemeinplatz, die Phrase. Der geistige Leerlauf versteckt sich im Automatismus. Insofern ist die sich selbst verselbständigende Dynamik des Ökonomieprinzips die Ursache der Rapidität, mit der uns die Dummheit in ihren Wirbel zieht.

Diskursive Dummheit und Gemeinplatz
Die zentripetale Kraft der Dummheit befreit sich vom Inhalt dessen, was ausgesprochen wird, und läßt das Gesagte zur Phrase verkommen. Die Urteilskraft überläßt sich dem fremden Urteil und gibt die geborgte Meinung für die eigene aus. Dumm ist dabei nicht die bloße Wiederholung, sondern die Dummheit etabliert bei der Übernahme von Phrase und Gemeinplatz einen bestimmten Stil des Automatismus. Eine vorgefaßte Meinung ist nicht als Meinung geistlos, sondern wird es erst „durch die Art ihrer Rezeption".[19] Die „dumme Rezeption" der Welt ist gewissermaßen die Bedingung der Möglichkeit diskursiver Dummheit. Und damit sind wir beim Fernsehen.

Glaubt man Bourdieu, so ist das Fernsehen schuld daran, daß sich die Dummheit immer schneller und immer weiter verbreitet – wobei er allerdings die Ursache dafür in der Struktur der Inhaltsvermittlung und nicht in der „Art der Rezeption" durch die Zuschauer sucht. Im Fernsehen gibt es laut Bourdieu für das Denken deshalb keinen Platz, weil es nur denen das Wort erteilt, die schnell reagieren und schnell denken. Sobald ein Gedanke nicht dem Gesetz des Gemeinplatzes gehorcht, greift der Moderator ein, fordert den Gesprächspartner auf, schnell zum Punkt zu kommen, versteht zum Schein etwas nicht, das ihm sein Gegenüber erzählt, und macht sich so „zum Sprecher der ‚Dummköpfe'", „um eine intelligente Darbietung zu unterbrechen".[20]

Das Fernsehen gehorcht dem Gesetz des Gemeinplatzes, um dem Zuschauer ein leichteres Verstehen zu ermöglichen – doch dadruch geht für den Rezipienten die Möglichkeit verloren, einen selbst erarbeiteten „Mehrwert an Sinn" abzuschöpfen. Wenn man einen Gemeinplatz von sich gibt, gelingt die Kommunikation augenblicklich, „weil sie in gewisser Hinsicht gar nicht stattfindet (...). Der Austausch von Gemeinplätzen ist eine Kommunikation ohne anderen Inhalt als eben den der Kommunikation."[21]

Das Denken wird im Fernsehen von, wie Bourdieu sie nennt, „fast-thinkern" erledigt, die mit vorgefertigten Schablonen, mit Gemeinplätzen arbeiten, damit sie der Ökonomie des medialen Diskurses gerecht werden. Die Struktur dieses Diskurses gleicht dem „Wörterbuch der Gemeinplätze", das Flaubert schrieb, um die Geistlosigkeit seiner Zeit einzufangen. Sein Motto lautet: „Man kann wetten, daß jede öffentliche Meinung, jede allgemeine

Konvention eine Dummheit ist, denn sie hat der großen Masse gefallen."[22]

Während sich bei einem herkömmlichen Wörterbuch das Stichwort zur Erklärung wie die Frage zur Antwort verhält, zeichnet sich Flauberts *Wörterbuch der Gemeinplätze* gerade durch das eklatante Mißverhältnis zwischen dem Stichwort und dem, was als Erläuterung folgt, aus. In diesem Mißverhältnis offenbart sich die Dummheit des Gemeinplatzes. Hier ein Beispiel: „Atheist: ein Volk von Atheisten ist unfähig zu überleben". Die Antwort auf die Frage „Was ist ein Atheist?" ist überhaupt keine Erklärung, sondern eine weltanschauliche Meinungsäußerung. Die Definition macht es sich zu leicht, indem sie auf eine Wissensfrage mit einer Meinung antwortet. Doch die Dummheit liegt nicht nur im zu geringen Erklärungsaufwand, denn eigentlich geht es gar nicht um die Frage „Was ist ein Atheist?" und auch nicht darum zu sagen, was man von einem Atheisten zu halten hat.

Das Mißverhältnis zwischen Stichwort und Erläuterung bildet eine Form des Gedankensprungs nach, die man in der klinischen Linguistik als „gelockerte Assoziation" bezeichnet. Die Dummheit zeigt sich nicht im Äußern eines Gemeinplatzes, sondern in der kontextunabhängigen Irrelevanz der Relation zwischen Stichwort und assoziiertem Gemeinplatz. Gleichgültig, in welchem Zusammenhang der Begriff „Atheist" fällt, läßt sich die Replik geben: „Also ich finde, ein Volk von Atheisten ist unfähig zu überleben." Das heißt, die Dummheit des Gemeinplatzes liegt darin, daß sie den „Spürsinn fürs Relevante" narkotisiert und statt dessen eine Form der Einfachheit setzt, die sich nicht einmal mehr die Mühe machen muß, einen Zusammenhang zwischen Frage und Antwort zu suggerieren.

Bei einem Dummen, schreibt Jean Paul, ist jede Idee isoliert, „alles ist bei ihm in Fächer abgeteilt, und zwischen entfernten Ideen ist eine Kluft, über die er nicht hinüberkommen kann"[23] – was ihn freilich nicht daran hindert, die entferntesten Ideen unverbunden nebeneinanderstellen und einen „instinktlosen" Zusammenhang zu behaupten. Zum Beispiel diesen: „Finger: Gott hat seine Finger überall im Spiel".

Flauberts *Wörterbuch* paraphrasiert zwei Hauptmerkmale „diskursiver Dummheit". Einmal führt es vor, wie sich die Dummheit beschleunigen läßt, indem man „begründende Argumentation" durch „instinktlose Assoziation" ersetzt: Es geht nicht mehr darum, wie man den Begriff „Finger" einfach und plausibel erklärt, sondern darum, was einem als erstes einfällt, wenn man den Begriff „Finger" hört. Das zweite Hauptmerkmal „diskursiver Dummheit" betrifft den Mangel an Vorsicht, der einen unter dem Vorwand der „Spontaneität" oder gar der „Authentizität" dazu veranlaßt, das, was einem einfällt, auch zu äußern. Das heißt, daß man sich die Zeit spart, das schnell Gedachte auf seine Relevanz hin zu prüfen.

Die eigentliche Perfidie des *Wörterbuchs* liegt in dem Umstand, daß es das Prinzip der Irrelevanz zum Standard erhebt und dabei keinen Widerspruch duldet. Die Verbindung von Irrelevanz und Einfachheit verschränkt die Dummheit des Gemeinplatzes mit der Stupidität des ökonomischen Automatismus. Ein Phänomen, das unsere Gesellschaft nicht erst prägt, seitdem das Fernsehen zum Leitmedium geworden ist, sondern das schon die Zeitgenossen von Karl Kraus kannten. Ein Beispiel medial beschleunigter Irrelevanz liefert bereits die Presse-Parodie, die Alfred Polgar und Egon Friedell unter der Überschrift: „Sensationeller Mangel an Neuigkeiten! Belanglose Meldungen aus vielen Hauptstädten – Depeschen von unerhörter Nichtigkeit" im *Böse Buben Journal* von 1921 veröffentlichen:

> Wie sich die Leser aus dem Inhalt unserer heutigen Nummer überzeugen werden, sind wir in der Lage, mit allem Nachdruck und den größten Lettern mitzuteilen, daß wir gar nichts Neues zu berichten haben. Wir tun dies im vollen Bewußtsein unserer journalistischen Verantwortung und in genauer Kenntnis der niederschmetternden Wirkung, die unsere heutige sensationelle Veröffentlichung, daß wir nichts Sensationelles zu berichten haben, auf die Leser (...) hat.[24]

Selbst die Nichtinformation tritt mit der Geste der Wichtigkeit auf, die Nachricht befreit sich gänzlich von ihrem propositionalen Gehalt – oder, um es in einer zeitgemäßen Phrase auszudrücken, „The medium is the message".

2. Die Folgen diskursiver Dummheit

Nachdem es bei der vorangegangenen Analyse diskursiver Dummheit um die Klärung ihrer Ursachen und um die Entlarvung ihrer „dunklen Kräfte" ging, die uns immer rapider in ihren Wirbel ziehen, sollten wir uns abschließend der Frage zuwenden „Wie entgeht man den Folgen der Dummheit?" Es gibt darauf eine offensichtliche Antwort – „Gar nicht!" – und eine etwas weniger offensichtliche Antwort – „Macht aber nichts!"

Warum nicht? Der oben zitierte Nicholas Rescher behauptet, „eine Beimischung von Dummheit" sei „evolutionär von Vorteil",[25] denn nur wenn sich unser Instinkt, richtig zu raten, mit unserer natürlichen Dummheit die Waage hielte, kämen wir nicht in Gefahr, unsere evolutionäre „Instinktsicherheit" zu überschätzen. Mit anderen Worten: Die „ehrliche Dummheit" der Natur soll uns vor der „höheren Dummheit" unserer Hybris bewahren. Erst dann, wenn wir an unsere eigenen Grenzen stoßen, kommen wir auf den Gedanken, mit anderen Menschen zu kooperieren – als „Intelligenzbestie" dagegen hätten wir diese Kooperation mit der Gesellschaft gar nicht nötig.

Die fatalen Folgen, die das gänzliche Fehlen „natürlicher Dummheit" hat, lassen sich an der „künstlichen Intelligenz" beobachten: Ein Computer hat zwar den Vorteil, daß er nicht von „Natur aus" dumm ist, aber er hat auch den Nachteil, daß er keinen „Instinkt fürs Relevante" besitzt. Die künstliche Intelligenz (KI) mag zwar in der Lage sein, bestimmte an sie gestellte Fragen zu beantworten, aber sie ist nicht wirklich in der Lage, intelligente Fragen zu stellen, weil ihre Art der Rezeption von Daten „instinktlos" ist. Dies beweist ein Internetprojekt (*http://come.to/20q*), das einem Computer mit Hilfe des „Zwanzig-Fragen-Spiels" Weltwissen vermitteln wollte, in der Szene inzwischen aber zum Mahnmal künstlicher Dummheit (KD) geworden ist.

Reschers Erklärung, warum wir „von Natur aus" nicht klüger sind, wirft aber auch in anderer Hinsicht Fragen auf: Wird unsere „individuelle Dummheit" wirklich durch die Kooperation mit anderen kompensiert? Wird sie nicht vielmehr verstärkt? Letzteres scheint der Fall zu sein. Zwar ist das überindividuelle Prinzip der Ökonomie eine Klugheitsstrategie, um individuelle Dummheiten zu vermeiden – doch die Analyse diskursiver Dummheit hat gezeigt, daß das Ökonomieprinzip nicht nur die Grundlage interpretativer Klugheit ist, sondern, sobald es zum leerlaufenden Automatismus wird, zu einer Strategie der Verdummung wird. Mit anderen Worten: Diskursive Dummheit ist die Folge der Selbstsubversion des Ökonomieprinzips.

Jürgen Wertheimer

Geklonte Dummheit:
Der infantile Menschenpark

„Spaßrebellen" und „fun-generation" nennen sie die Journale, und der Kunstmarkt sieht sich neuerdings als flippiger „Fun-Dienstleister". Ein Spaß-Event jagt das andere, und die Sprüche werden immer dümmer: „Ich geh' jetzt in den Birkenwald, denn meine Pillen wirken bald." Nicht als Graffiti an einer Schulhofwand, sondern als Titel einer Installation des Künstlers Kippenberg in der noblen Kölner Kunsthalle findet sich die Inskription, und ein blasiertes Publikum umschreibt den Wald aus kippeligen Birkenstämmen mit feinsinnig-ernsthafter Kennermiene.

Fürwahr: Der Menschenpark beginnt sich zu füllen. Wenn auch mit ganz anderen Bewohnern als von den „Vordenkern" geplant: nicht anthropotechnisch gezüchtete Eliten bevölkern ihn, sondern marktgemachte, marktgerechte infantile Kunden. Der Traum vom mündigen Staatsbürger wurde zugunsten der Farce des pflegeleichten, „wohlstandsverwahrlosten" Konsumenten abgelegt. Und zwar innerhalb weniger Jahre. Man hat es möglicherweise noch nicht bemerkt, aber das Klonen von Humanoiden ist längst zur Realität geworden. Die diversen Ethik-Runden, die sich des Themas annehmen, werden nicht nur, wie üblich, zu spät kommen, sondern auch, wie üblich, am falschen Ort suchen.

Während man Angst davor hat, die Körper könnten einander immer ähnlicher, zum Verwechseln ähnlich werden, reproduziert man schon längst erfolgreich austauschbare Serienhirne und Seriengefühle. Dazu bedarf es keiner biologischen Manipulationen der DNS – es genügt offenbar ein kommunikativer Eingriff, um Intelligenz zu neutralisieren und aus Individuen Klone werden zu lassen. Aus dem Jahr 1991 datiert ein internes Positionspapier eines großen deutschen Chemiekonzerns, in dem das Projekt einer gesellschaftlichen Zukunftsvision entwickelt wird, gegen das Orwells Ängste vergleichsweise harmlos erscheinen. Ich darf nur einen Satz daraus zitieren: „Es wird sich in Zukunft darum handeln, die Mehrheit der Population an konsumverträglichen Denk- und Wahrnehmungskategorien zu orientieren."

Schon 1933 hatte Reichspropagandaminister Goebbels von der deutschen Film- und Unterhaltungsindustrie gefordert, die nationalsozialistische Ideologie „genial und virtuos verpackt ‚einzuflößen'". Mittlerweile ist die Verpackung zum Zweck geworden, Botschaften und Ideologien haben ausgedient, Begriffe geraten ins Schwimmen – und wir sind darüber nicht etwa verstört, sondern eher erleichtert, gelegentlich sogar stolz. Stolz darauf, keine Begriffe zu haben, stolz darauf, die Orientierung verloren zu haben.

Doch es soll hier nicht die übliche kluge Rede über die verheerenden Wirkungen der trivialen, ich würde sagen, der *normalen* Medien gehalten werden. Und es soll auch nicht von TV-Verdummung, Talk-Show-Exhibitionismus und Unterhaltungs-Leerlauf die Rede sein; nicht von Serien, Quiz, Politshow und interaktiver Dämlichkeit. Jeder, der im Besitz einer Fernbedienung ist, kennt vermutlich das Gefühl, das einen erfaßt, wenn man an einem beliebigen Tag zu beliebiger Stunde zwanzig, dreißig Kanäle durchzappt und so den Querschnitt der Normalkultur des vielbeschworenen dritten Millenniums erhält: Was die Rocky Horror Picture Show in den Siebzigern als Kunstform kondensierte, ist zwischenzeitlich zur Normalität geworden; durchsetzt mit ein wenig Sentimentalität, Kitsch und Pornographie. Ich spreche auch nicht vom Feldbusch-, Guildo-Horn- und Prinzessin-Diana-Kult, obwohl auch dies treffliche Belege für die galoppierende – zumindest mediale – Infantilisierung unserer High-Tech-Gesellschaft wären.

Ich beziehe mich vielmehr auf Produkte und Tendenzen der sogenannten hohen, ernsthaften, jedenfalls ernstgenommenen Kultur, von Meinungsmachern und Zeitgeistlieferanten, von Provokateuren und Zündlern, Poeten und Pathetikern, Religions(nachempfindungs)stiftern und Politikerimitatoren. Von all jenen, die diese schöne neue Welt in Szene setzen. Von den großspurigen „Verantwortungsnehmern" und den kleinmütigen Machtmenschen.

Es ist nicht leicht, die Situation am Anfang dieses Jahrhunderts zu beschreiben. Wer wie ich daran rummäkelt, läuft Gefahr, unter der Kategorie der Gestrigen abgehakt zu werden. Historisch seitenverkehrt kann er nicht wie anno 1968 gegen die Gestrigen des Establishments zu Felde und vom Leder ziehen, sondern steht vor der weitaus schwereren Aufgabe, gegen die alten Mogule *und* die jungen Macher, gegen den Typus Kirch und Murdoch einerseits, aber auch zugleich gegen den alerten und allgegenwärtigen Kulturredakteurstypus *FAZ*ke Mitte dreißig zu polemisieren. Wer so argumentiert, muß gegen Geld und „Geist" zugleich angehen und hat realistisch gesehen kaum eine Chance. Ganz abgesehen davon, daß der Rolle ein Hauch von hysterischem Kassandra-Gewimmer und latenter Neidverdacht anhaftet. Und die Pose eines „Hier-stehe-ich-und-kann-nicht-anders"-Predigers ist vollends obsolet (und war es vermutlich seinerzeit schon).

Nein, es geht schlicht darum, entweder zu schweigen oder zu reden. Vermutlich wäre es klug, sogar weise, zu schweigen und die Phänomene erst gar nicht zur Kenntnis zu nehmen, um ihnen nicht auch noch zu weiterer Wichtigkeit zu verhelfen. Wenn man dennoch spricht, ist man jedoch verpflichtet, dezidiert Stellung zu beziehen. Verstehen heißt eben nicht, „einverstanden" zu sein, wie manche sogenannte Gegenwartsphilosophen dies meinen.

Die Frage ist: Was geht vor? Was geht eigentlich vor, wenn ein amtierender Bundeskanzler zum Millenniums-Zauber mit professionellem Augenaufschlag verkündet: „Wir [Sie!] können nicht dasitzen und abwarten, was der Staat, was die Politik tun können."[1] Was geht in einer Gesellschaft vor, in der ein solcher Satz gesagt werden kann, ohne daß das Groteske und die Absurdität der Aussage auch nur ansatzweise begriffen wird? Ohne daß gesehen wird, daß hier auf billigstem rhetorischem Niveau versucht wird, sich solidarisch anzubiedern und ein *Wir*-Gefühl herzustellen, das die wahren Machtverhältnisse nicht nur verschleiert, sondern auf den Kopf stellt.

Vor wenigen Monaten erhielt ich ein Schreiben vom Kulturbeauftragten Naumann, in dem dieser gleichfalls mitteilte, eigentlich „ohnmächtig" zu sein und letztlich nur zu re-agieren. Wir haben es mit einem merkwürdigen Phänomen der kollektiven Selbstverkleinerung zu tun, das freilich in irritierendem Gegensatz zur demonstrativen, repräsentativen Selbstvergrößerung (Kanzleramtsneubau) steht. Der Repräsentant im Machtzentrum verkleinert sich dabei (zumindest rhetorisch) so, daß er zum sympathischen, wohlmeinenden Winzling wird, der Hand in Hand mit den wirklichen Winzlingen der Gesellschaft das Gute sucht. Kinder agieren so, wenn sie vor den Erwachsenen ein vorauszusehendes Scheitern präventiv legitimieren wollen. Freuds Studien infantiler Neurosen liefern einen reichen Erfahrungsschatz hierzu.

Die Psychologie kennt das Haschen nach Sympathie, Protzreaktionen und Mindergeltungsaffekte als Kennzeichen jener Infantilität, die auch als Massenerscheinung auftreten kann. Eine bestimmte Art, sich klein zu stellen und sich der Verantwortung zu entziehen. Im genannten Beispiel scheint es umgekehrt zu sein, denn man sucht ja augenscheinlich Verantwortung. Mit dem „Ich will hier rein"-Syndrom hat es begonnen. Jetzt sind wir alle im Politkindergarten, ziehen uns Bratenröcke oder Dreiteiler von Armani an und spielen wie die großen „Politiker".

Damit wir uns nicht mißverstehen: Der sogenannte amtierende Bundeskanzler, der die Richtlinien der politischen Ohnmacht bestimmt, ist hier nicht das Ziel der Attacken. Er ist nur Symptom. Symptom für eine Gesellschaftstendenz, die ihr Heil auf allen Ebenen in einer neuen Harmlosigkeit sucht. Selbst Bösartigkeit wird verharmlost. Die Reich-Ranicki-Knuddelpuppe, für DM 15.– zu erwerben, zeigt diese Verniedlichungstendenz und -sehnsucht auf anderer Ebene. Das greise Kind, stampfend, polternd, Bücher in Mischung zwischen Rumpelstilzchen und Pumuckelmanier zerreißend, verfängt. Und während Hunderte brillanter jüdischer Kritiker aus Deutschland und von Deutschen vertrieben wurden, wird ausgerechnet der Unbedarfteste zum Großmeister der Meinungsmonopolisten, zum Virtuosen des Fehlurteils hochkatapultiert.

Ich gebe zu, ich komme mir manchmal wie aus der Zeit gefallen vor. Man berauscht sich an der meditativen Stimmung in den Räumen des Holocaust-Museums, der Kanzler freut sich auf ein dazugehöriges Denkmal, zu dem man „gerne geht", und Hunderte christlicher Fördervereine restaurieren Synagogen ohne Juden mit nicht erlahmendem Wiedergutmachungseifer. Ein Theologe erfindet zum Staunen der Welt die zehn Gebote neu, Philosophen träumen von Engeln und erklären die Welt als Märchen und Posse frei nach dem Motto „Hitler kann schon sehr komisch sein", und die Dichter spielen mit Gedankensplitterchen.

Bei Nennung von Begriffen wie „Wirklichkeit", „Authentizität", „Utopie", „Subjekt", „Kritische Schule" brechen postmoderne Gesprächsrunden in gedämpfte Heiterkeit aus, und wenn man die Unvorsichtigkeit begeht, etwa von „Menschenwürde" zu sprechen, darf man sich getrost bei der staatlichen Fossiliensammelstelle melden. Ich würde nicht soviel Aufhebens um diese Anzeichen und spürbaren Tendenzen machen, die da häufig in harmloser, kindlich unbefangen scheinender Art von sich reden machen, wenn sie sich nicht so deutlich und systembildend manifestierten. Und wenn nicht jedes kritische Aufmucken so gnaden- und sinnlos, so militant und fundamentalistisch niedergemacht würde. Wenn nicht bereits jetzt auf eine gewisse und noch ganz unverfängliche Art nicht nur sektiert, sondern selektioniert würde, wenn nicht nur pure, sondern purifizierende Spielereien zu beobachten wären.

Die Schere öffnet sich

Wenn es noch eines Beweises für diese Tendenzen bedurft haben sollte, so hat die aufgeheizte, ja hysterische Diskussion um die Thesen Sloterdijks im Herbst 1999 ihn erbracht. Man beginnt wieder, in Kategorien dominanter und dominierter, genetisch höher- und genetisch minderwertigerer Populationen nachzudenken. Das Bild von Hütern und Herden existiert wieder. Hier die Elite. Dort die Masse. Die Masse, die am besten auf der Ebene einer unterhaltenden, eventreichen Satt-, Sauber- und Dumm-Lebenspflege ruhigzustellen ist. Solches Zwei-Klassen-Denken ist, mehr oder weniger direkt ausgesprochen, bereits „common sense". So zum Beispiel in der sogenannten Bildungspolitik, wo neuerdings sehr direkt unterschieden wird zwischen den wenigen, den ganz wenigen Exzellenten, die zum Beispiel in Graduiertenkollegs methodologisch geklont und gehätschelt werden, und der Mittelmasse, die mit Kanon, Normen und Standards im Schnelldurchlauf abgefertigt werden soll. In marktwirtschaftlichen Termini: das mittlere Segment bricht weg.

Auch im Fall und beim Fall der Universitäten stehen seit wenigen Jahren immer wieder ökonomisch-strategische Überlegungen am Anfang solcher „Reformen", bei denen die praktizierte Torheit zum einen, böswillige Verdummungsabsicht zum anderen Pate stehen. Resultate zeigen sich bereits nach kurzer Zeit: Externen Bürokraten gelingt es im Zusammenspiel mit institutionsinternen Funktionären, ein Szenarium der Selbstauflösung herzustellen. Traditionsuniversitäten liquidieren, nur um sich in den Trend zu stellen, skrupel- und kopflos wertvolle kleine Fächer, in denen sie Weltrang hatten, Deutschland eliminiert das Humboldtsche Modell als antiquiert (während die amerikanischen Prestigeuniversitäten mühsam etwas Humboldt-Vergleichbares aufbauen), funktionierende Abteilungen werden geschlossen, während dümpelnde Schmalstspurprivatuniversitäten hektisch und trotzig buchstäblich in den Sand gesetzt werden. Währenddessen delektiert man sich genüßlich an Schwanitzens Bildungsschmöker, bei dem in Wirklichkeit keiner weiß, was er damit um alles in der Welt anfangen soll.

Kaum einer weiß, wohin die Reise geht, aber man ist begierig dabeizusein. Mitzutun bei einem „epochalen", „globalen" Neugestaltungsprozeß vor dem Hintergrund einer diffusen Elite-Wahnvorstellung, deren geistige Wurzeln unter anderem auch in der erwähnten genetischen Debatte zu suchen sind. Herrschte in den siebziger, achtziger Jahren der (häufig naive) Glaube, das Humanum sei vor allem als soziales, auch sozialisierbares Wesen zu verstehen, so dominiert derzeit ein biologisch orientiertes Denken, innerhalb dessen der Mensch als weitgehend durch genetische Disposition und Determination gelenktes Wesen erscheint. Es ist, als ob damit auch alle Hoffnung auf und Interesse an konkreten sozialen Verbesserungen und politischen Entwicklungen obsolet geworden seien. Etwas Trieb- und Zufallsbestimmtes, etwas kaum mehr individuell oder als Subjekt Bestimmbares geistert durch die Vorstellungen. Molekularbiologe und Genforscher Lee Silver malt bereits das Szenarium einer möglichen Welt-Spaltung zwischen den „Habenden" und den „Nicht-Habenden" aus, zu denen die sozialen und technologischen Ungleichgewichte nur Vorspiele (und zugleich deren Motoren) sind:

Wenn dereinst die genetische Verbesserungsmanipulation Kinder jenseits aller Menschlichkeit hervorbringt, wird sich der soziale Vorteil, den die reichen Gesellschaften derzeit gegenüber den armen Völkern genießen, in ein genetisches Plus wandeln. Mit jeder weiteren Generation würde die bereits bestehende Kluft zwischen armen und reichen Nationen weiter vertieft, bis schließlich alle gemeinsamen Wurzeln verschwunden sind. Eine auf diese Weise gespaltene Menschheit könnte durchaus das ultimative Erbe eines ungebremsten Kapitalismus amerikanischer Strickart sein.[2]

Gleichzeitig mit den imaginierten Gefahren wächst das Bedürfnis nach sinnrestituierenden Rettungsideen. Spiritualismus, Mythensüchtigkeit, die (utopische) Vorstellung *einer* Welt oder die Flucht in ästhetische Formen und symbolische Ordnungen sind als Gesten dieser Art zu sehen. Ob sie geeignet sind, den Sprung über den Abgrund zu ermöglichen, darf bezweifelt werden. Sinnvoller als die Flucht in artifizielle sinnverdichtende oder insinuierende Schaumblasen und Sphären oder auch in die künstlichen Paradiese gentechnischer Veredelungs-Hysterien (biogenetische Gottspielerei) scheint mir demgegenüber eine Wahrnehmungsschulung, die sich den Wirklichkeiten in ihrer Ambivalenz, ihren inneren Widersprüchlichkeiten stellt und nicht Reinheit sucht (und fürchtet), wo Vermischung gegeben ist. Aber das Akzeptieren von unauflöslichen Widersprüchen und schillernden Ambivalenzen ist wohl eine Wahrnehmungsform und Lebensmöglichkeit von Erwachsenen, die so gar nicht in das Vorstellungsmuster Pubertierender zwischen dreißig und sechzig zu passen scheint. Pardon: „Wertkonservative Popkonsumenten",[3] so nennt man das jetzt. Wie hat man sich das vermutete Leben neuer, wertkonservativer Eliten vorzustellen? Wie werden sie aussehen? Wie sehen sie aus? Schlimmstenfalls wie Kracht, Nickel, von Schönburg, von Stuckrad-Barre? Wie werden sie sprechen, wie sich bewegen, wie denken? Vielleicht so wie ihre Rezensenten, die das Buch *Tristesse Royale*[4] mit Gesten des ‚fin de siècle', allerdings des vergangenen, ahnungsvoll umweben. Und sich dabei wie früher Hofmannsthal äußern. Mit kraftloser Rechter und im dekadent-blasierten Stil übersättigter Erben stellt man seinen Geisteserguß bei Gelegenheit der Lektüre von *Tristesse Royale* ins Net:

Beim Hören von Carly Simons „You're so vain" las ich in meinem Rezensionsexemplar dieses Ullstein-Buches herum (im Mikrowellenherd erwärmte ich die Makkaroni & Cheese von gestern, die Carl von Siemens, wutentbrannt aufbrechend, bei unserem Candle-Night-Dinner übriggelassen hatte). Um es kurz zu machen: Sie verkohlten rettungslos! Nicht, daß dieses Buch irgendwie wichtig wäre, aber es läßt den Leser (mich) nicht mehr los. Es ist brilliantly written – full of spontaneous and utterly humour – und, einmal kann ich die Anglizismen auch mal steckenlassen: einfach gute, nein: beste Unterhaltung. Wäre ich ein Flugzeug, flöge ich mit „Tristesse royale" und schisse auf das Kerosin! Sex! Kaufen! Bald! Alle![5]

Die Rede ist, um dies nachzutragen, von einem zum kleinen Kultbuch avancierten Werk eines sogenannten „popkulturellen Quintetts" von fünf Jünglingen, die im Medienofen ordentlich aufgekocht wurden. Schaum stieg auf, und es blubberte sacht-elitär. In der Kurzbeschreibung des Verlags liest man:

Tristesse Royale, das ist das Lebensgefühl einer Generation, die ungeheizt zur Untermiete wohnt, aber mit dem Taxi in den Club fährt. Bessing, Kracht, Stuckrad-Barre, Nickel und Schönburg-Glauchau erstellen einen Katalog der alltäglichen Ästhetik und Lebensführung – vom richtigen Hemdenschnitt zum definitiven Reiseziel, von der optimalen Kreditkarte bis zur Wahl des richtigen Gesprächsthemas auf den falschen Partys. Man debattiert über die Verhaltensweisen des modernen Menschen inmitten von Blendwerk, Statussymbolen, Konsum und Kultur – fünf Engel zeigen, wie man dem ganzen Schlamassel unserer Zeit mit Stil und Anstand entkommen kann.

Motiviert durch solche Vorverheißung und vor nichts zurückschreckend, konfrontiere ich mich gleichsam in der Rolle des Jugendethnologen mit dem Text selbst und lese:

ALEXANDER V. SCHÖNBURG: Wir stellen also fest, daß wir uns in einem postideologischen Zeitalter befinden und es für uns deshalb auch gar keine Res publica gibt.

ECKHARDT NICKEL: Was ist dann unsere Möglichkeit von Politik?

ALEXANDER V. SCHÖNBURG: Bei Harald Schmidt sah ich gestern die jüngste Bundestagsabgeordnete Deutschlands. Sie ist fünfundzwanzig Jahre alt und kommt aus Potsdam. Durch die Sendung blieb es völlig unklar, was sie im Bundestag eigentlich macht, außer nach den Wegen in die Kantine zu suchen und sich dabei zu verlaufen, aber sie nimmt an der Res publica – sicher –

Alexander von Schönburgs Gesicht wird von einem schwärmerischen Ausdruck, einem katholischen Leuchten, verklärt. Das letzte Wort des Satzes haucht er, kaum noch verständlich, in sein Weinglas.

ALEXANDER V. SCHÖNBURG: – teil.

Christian Kracht zündet sich eine Zigarette, eine Marlboro Lights, an.

BENJAMNIN V. STUCKRAD-BARRE: Die Überlegung „Hat Politik etwas mit meinem Leben zu tun?" ist an sich eigentlich grotesk. Es muß da bei uns einen Prozeß der Entfremdung gegeben haben, der möglicherweise auch ästhetisch begründet war, daß man sich abgestoßen fühlte von Ortsverbänden und ähnlichem –

JOACHIM BESSING: Die Teilnahme an solchen Veranstaltungen, an den Diskussionen, Waldreinigungen und Käsegewicht-Ratespielen auf ihren Straßenfesten ist unmöglich. Man will sich an diesen Dingen nicht schuldig machen.

ECKHARDT NICKEL: Die Politisierung, die ich in meiner Jugend erfahren habe, begann in der Schule im Gemeinschaftskundeunterricht, den es dort in Hessen gab. Mein Lehrer, Herr Axel Süsskoch, schaffte es, daß durch seinen Unterricht die Politisierung für mich bedeutete, von Politisierungen an sich und in jeder Form abgeschreckt zu sein. Meine Versuche, an den Debatten in anderer Art teilzunehmen, stießen bei ihm auf völliges Unverständnis. Er bezeichnete mich liebevoll-angeekelt als apolitisch-konservativen Betrifft-mich-nicht-Wicht. Diese Formulierung konnte ich nie wieder vergessen. Sie hat mich geprägt.

Eckhart Nickel schließt die Augen und saugt gierig an seiner Zigarette, einer Marlboro Medium. Er inhaliert tief und bläst zwei ineinandergleitende Kringel.[6]

Eine x-beliebige Stelle aus dem spätjuvenilen Kompendium der Beliebigkeit. Lähmung macht sich breit. Gequälte Bonmots verhauchen, übersättigte Label-Listen werden ennuyiert durchblättert, und während man sich, indolent und mit-was-auch-immer kokettierend, Champagner und Schümli schlürfend, von der gewöhnlichen Welt längst formvollendet verabschiedet hat, beginnt's im Internet zu zappeln. „Champagner auf die Scheitel ... saufen und kaufen", heißt die Devise, und flugs mutiert das elitäre Geblödel von fünf, was das Lebensalter betrifft, erwachsenen jungen Männern zum gesellschaftsrelevanten Event.

Lord Brummell und Dorian Gray, Wilde und Baudelaire, die Dandys des letzten Jahrhunderts – sie alle waren Originalgenies und Anarchisten, Provokateure und wahrhaft a-soziale Glanzlichter im Vergleich zu diesen jämmerlichen Spätbuben und ihrer Entourage. Und doch: selten werden infantile geistige Bankrotterklärungen so von der Gesellschaft wahrgenommen und goutiert wie diese Offenbarungsprosa. Was nicht nur einen Befund über die „Autoren", sondern auch eine Aussage über ihre Leser impliziert. Nun soll das kleine fünfstimmige Prosastück nicht überstrapaziert werden. Man mag das Ganze auch als vereinzeltes Verlagsexperiment abtun. Wichtiger ist die Tatsache, daß – wie auf Kommando – die Medien nervös werden und die fünf Jünglinge flugs im Mittelpunkt eines zausenden und kosenden Interesses standen, um immer wieder die Lust am Leben ohne Haltung und Linie, aber mit Stil, Style zu betonen, unisono, austauschbar, wertfrei, glatt. Aalglatt. Nicht zu fassen. Und so soll es ja wohl auch sein oder, wichtiger, wirken. Fünf Popkultur-Clo(w)ns in Aktion.

Der Herbst des vergangenen Jahrtausendjahrs bescherte dann noch eine andere literarisch-theatralische Erfahrung, als der sich gewöhnlich selbst stigmatisierende Schreiber Rainald Goetz mit seinem Stück über Jeff Koons[7] reüssierte. In einer sowohl nachgeahmten wie unnachahmlichen Mischung von „Kitsch, Pornographie und Infantilismus", genauer: in deren Überhöhung und ihrer Zelebrierung, scheint er einmal mehr das Feeling dieser Jahre zu treffen. Zeitgeisthechler Goetz hat sein Stück über die Pop-Ikone

Jeff Koons wahrhaft im richtigen Moment auf die Bühne gebracht. Die deutsche Moritat vom Aufstieg und Fall des Künstlers bedient alle derzeitigen Erwartungen, mit dem Ringelreim vom Poppen, Shoppen und Ficken ist ein hymnisch gefeierter Kritik- und Publikumserfolg gesichert, und seitenlang kann man sich an so originellen Sequenzen ergehen wie:

> Mein Gott ist das geil
> sie machen was Tolles
> was ganz etwas Neues
> sie machen es jetzt
> sie machen es wieder
>
> sie ficken
> sie poppen
> sie tun es
> sie lachen
>
> [...]
>
> sie tun es
> sie atmen
> sie halten sich fest
>
> sie nennen es Liebe
> sie singen vom Glück[8]

Ich breche hier aus purer Höflichkeit das Zitat ab, wer sich für den Kontext im ganzen interessiert, sei auf die Seiten 38 bis 47 der Suhrkamp-Originalausgabe des Werkes, das für nur DM 34.– zu haben ist, verwiesen.

Sie shoppen also, und sie poppen, sie ficken, sie rauchen, sie saufen, sie bestellen, sie kaufen, „sie dämmern", „sie schlafen zusammen", sie sind glücklich, sie quatschen mit dem lieben Gott. Der liebe Gott nämlich kommt auch vor, beim lieben Goetz, und er sagt:

> he, Leute, folgendes
> ich bin der Erfinder von dem allen hier
>
> echt?
>
> ja
> er hätte also
> beispielsweise früher mal
> ein Ehepaar erfunden
> schon länger her natürlich

ob sie das nicht gewußt hätten?
auch die Stütze wäre von ihm
sogar Mercedes, Benz auch
er habe die ganzen Abgeordneten gemacht
die Börse und das Geld und so
ja echt
[...]
er hätte auch das Bier sogar erfunden
die Zigaretten und die Farbe grün
auch die dazugehörige Partei
die Wahlen und so
alles das, das ganze hier
in seinem Kopf erfunden und erdacht
meint er jetzt nochmal
was sie denn dazu meinen würden
was er für Lasten trage
da, im Inneren
in ihm

hm hm[9]

Es folgen noch circa einhundert Seiten in diesem begnadeten Sprachfluß, ziemlich in der Mitte des Stücks dann aber die ideologische Sentenz, das „Konzept", wie das merkwürdigerweise von Mercedes Benz gesponserte Werk solche Passagen nennt:

Der Künstler staunt, ihm steht der Mund fast offen. Er hat, okay, Bezahlung, Anstand, Anspruch. Die Kritik. Verbesserung erbeten, Korrektur verlangt. Kann man jetzt so sehen, kann da sagen, stimmt, stimmt nicht. Er nehme die Kritik zurück, er. Er sehe ein, er wolle demnächst. Er habe vielleicht nicht in ausreichendem Maße, gut, er. Er bitte um, er wisse nicht. Die Angestellten schauen böse. Der Künstler merkt, er kann das nicht, ihm liegt das nicht. Es geht hier nicht um Geld, es geht nicht um die Macht, nicht um Ideen. Es geht um Reife und ihr Fehlen. Der Künstler ist real zu infantil, um völlig simple Dinge hinzukriegen. Zum Beispiel einen ganz normalen Streit. Das nervt die Leute, daß er ihnen ausweicht, daß er es praktisch nicht versteht, mit Worten nichts zu sagen, um so mitzuteilen, alles paßt und läuft und stimmt. Er nervt die Leute mit absurder Präzision. Das ist abstrakt gesehen absolut vernünftig, menschlich der totale Quatsch. Der Künstler sieht das alles ein. Er weiß sich nicht zu helfen. Er plant jetzt was, was all das lösen könnte, wenn es nur gelingt, vielleicht, in Form von Kunst natürlich, klar, er plant den von ihm selber sogenannten Kindkomplex.[10]

Der Kindkomplex

In der „Eröffnungsrede" wird die Kindkomplex-Philosophie weiter mit peinigender, pathetischer Ernsthaftigkeit entfaltet. Als narrensicheres Rezept dieser Tage kann die Kopplung von Banalität der Aussage verbunden mit dem Gestus der Ernsthaftigkeit ihrer Hervorbringung gesehen werden. Goetz:

Besänftigung, Begütigung und Trost: das Politikum dieser Kunst, Herrschaften, ist Angst. Es ist der Schrecken des Kindes, der hier spricht. In der Enge dieser Angst ist alles groß, sehr groß, bedrohlich, fürchterlich und fratzenhaft verzerrt. Mit weit aufgerissenen Augen, panisch gejagt, sucht diese Angst nach Momenten des Nichtschlimmen, des Nichtkaputten, Nichtzerstörten. Da, schau. Ein Aufatmen, für einen Augenblick. Das ist die Motorik jedes dieser Bilder hier. Gemessen daran, an den kämpferischen Energien, die den Lösungen hier zugrunde liegen, wirkt das Insistieren anderer Künstler auf ihren Krankheitsideen, nehmen wir die ja nicht unniedlich faszinierende Pubertätskunst von Mike Kelly oder den reifen, dauernd schon nach mehr und heftigeren Kicks jammernden Erwachsenenhorror von Cronenberg, nur als Beispiel, geradezu bieder, stumpfsinnig und kraftlos. Keine unserer Skulpturen hier, keines dieser Bilder sagt einfach Ja zum Nein oder gar, im Gegenteil, zum Ja. Auch darin ist diese Kunst politisch, daß sie ihre Protest- und Affirmations-Zustände nicht einer egal wie richtigen Idee vom besseren Leben und den mit reichlich Gratifikation und gesellschaftlicher Anerkennung bedachten Kämpfen für eine solche egal wie tolle politische Idee unterordnet, sondern der Realität echt gelebter Leben nachbildet, die immer beides ist, Bejahung und Schrei des Unrechts, des Protests, der Forderung, daß alles anders wird, sofort, und auch etwas ganz genau Bestimmtes aufhört, besser wird, endlich wirklich besser werden muß, als es augenblicklich ist, nicht ohne schließlich eben doch das Ja noch einzuschließen, oder nicht ganz auszublenden mindestens, das jeder Atemzug tatsächlich tätig formuliert, das Leben selbst, der Durst, der Griff nach einem Glas zu trinken. In diesem Sinn, liebe Freunde, begrüße ich alle, die gekommen sind, wünsche einen wunderbaren Abend, und freue mich, schließlich mit Ihnen anzustoßen auf die Kunst, die wir hier sehen, auf die Vielfalt der von ihr erlebten Widersprüche, auf das von ihr auf diese Art ganz offensichtlich so Verborgene. Prost, meine Damen und Herren, zum Wohl, auf Sie.[11]

Prost, meine Damen und Herren, zum Wohl, auf Sie. Mit dieser schlichten Logik wird Theater gemacht. Wird Kultur gemacht, wird Politik gemacht, insofern eine deutliche Tendenz zur (profitablen) Selbstentmündigung geradezu virtuos propagiert wird.

Was die Tendenz anbelangt, ja sogar deren Ursachen, so scheinen sich viele der Betroffenen wie der Experten einig. Doch der Verweis auf die unerträgliche Abhängigkeit von den Restriktionen der Politik ist oft eher ein Ablenkungsmanöver von den eigenen Defiziten denn eine wirklich überzeugende Widerstandsform. Insofern ist der immer wieder zu hörende Verweis auf den Terror des ökonomischen, zusehends marktwirtschaftlichen Denkens, der sich wie Mehltau über die Institutionen lege und deren Reichtum und Qualität schmälere, richtig und nicht ganz aufrichtig. Richtig und tausendmal wahr ist, daß die jeweiligen geistigen Negativeliten einer Gesellschaft – Politiker neuerdings so zu sehen ist sicher eher zutreffend als beleidigend – stärker und unverschämter als seit langem versuchen, mittels marktwirtschaftlicher Hebel in ihnen fremde Kulturinstitutionen einzugreifen. Richtig ist freilich auch, daß diese sich dem Diktat nicht nur erstaunlich widerstandslos unterwarfen, sondern zum Teil am Verblödungsprogramm selbsttätig mitwirkten. Quotenforderung und Event-Antwort sind Teile eines Denksystems, bei dem Ursache und Wirkung nur bedingt voneinander unterscheidbar bleiben. Im demokratisch-marktwirtschaftlichen „Menschenpark" der Zukunft gibt es eben nicht nur „Direktoren" von intellektuellem Format, sondern auch weniger qualifizierte, die nichtsdestotrotz insgeheim längst ihren Kampf, Selektionskampf aufgenommen haben. Im Theater zum Beispiel heißt Selektion Auslastung. Das volle Parkett ersetzt jede inhaltliche Legitimation. Insofern findet bereits heute ein rasanter Selektionsprozeß statt, innerhalb dessen der Trend dem intellektuell und mental Anfälligsten gute Chancen auf den „Endsieg" einräumt.

Konkret heißt dies, daß viele Bühnen im Verlauf der letzten paar Jahre versuchten, die vermuteten Wünsche eines fernseh-„verwöhnten" Zuschauersegments antizipierend zu bedienen: Dies betrifft die Themen, Gattungen und Darstellungsformen. Kaum ein Stadttheater mehr, das es wagte, nicht ein musicalartiges, comedyähnliches oder Love-Roman-Remake mühsam auf die Bühne zu stemmen: nicht nur *Fledermaus* und *Geier-Wally*, sondern auch *Ekel Alfred* und *Alf* steigen auf Staats- und Stadttheaterrampen, und der böse Massenmörder Hamann reüssiert gar zum Dauertalkshowgast auf deutschen Bühnen. Und als dezent dramatisierte, schrille Talk-Show versteht man neuerdings häufig das Metier. Denn wer Quote will, tut gut daran, so meint man wohl, sich an den Techniken der Quotenmachermaschine Fernsehen zu orientieren. Mit der Losung „Gebt auch dem Theater, was des Fernsehens ist" werden TV-Techniken imitiert, TV-Typen imitiert, persifliert, parodiert – keiner weiß es, aber man lacht doch immer wieder amüsiert, wenn man auf einer Staatstheaterbühne den Fetzen irgendeiner Serie wiederzuerkennen glaubt oder das Double einer Figur, die man schon auf der Mattscheibe zum Kotzen fand. Man lacht, aber weiß beim besten Willen nicht, weshalb. Man signalisiert Wiedererkennungsfähigkeit und beweist damit eine gewisse massenkommunikative Kompetenz, was offenbar eine Art Intelligenzbeweis darstellt.

Überhaupt ist es eine Hochzeit des halbdebilen Helden, wenn man ihn in dieser gottlob ebenso gott- wie heldenlosen Zeit noch so nennen mag. Kaum ein Stück, das auf ihn oder sie – rotzend, schniefend, sabbernd, plärrend, kackend, wichsend – verzichten mag: am besten pubertär oder geriatrisch. Ich weiß, ich bewege mich auf gefährlichem Terrain, aber etwas befremdend ist es schon, wenn die eine Seite der Republik vom leidensimmunen Übermenschen träumt und die andere (paradoxerweise oft dieselbe Seite) bei entsprechender Gelegenheit wieder das Konzept eines Untermenschen zelebriert. So geschieht dies zum Beispiel im Stuttgarter Staatstheater derzeit fast in Serie.

Wie etwa im hochgelobten Stück einer hochgelobten Nachwuchshoffnung wie Moritz Rinke mit dem ominösen Titel *Der Mann der noch keiner Frau Blöße entdeckte*.[12] Auf der Bühne eine Mischung aus tumbem Tor und brutalem Trottel, dessen egomanischer Lernprozeß nun dreistündig ausagiert wird. Dergleichen ist natürlich weder neu noch unzulässig. Tankred Dorsts Parsifal im *Merlin* hat gleichfalls solche und noch schlimmere Aspekte und Phasen. Was bei so vielen Produktionen der Gegenwart verblüfft, ist nicht wie in den Siebzigern deren Brutalität und Grausamkeit oder ihr politischer Aktionismus, sondern vielmehr ihre unübersehbare, aber überscheue Harmlosigkeit und Selbstgenügsamkeit. Man reproduziert ein Tischfeuerwerk kleiner Katastrophen. Zerfalls- und Dekompositionserscheinungen von Individuen und Gruppen, Sprachen und sozialem Handeln werden nicht gezeigt oder gar erklärt, sondern beliebig präsentiert; dramatische Situationen und Entwicklungen finden sich ebensowenig wie wirkliche Affekte oder – horribile dictu! – wirkliche Menschen: Nach dem hermetischen Dramaturgiemotto „Ein Theater ist ein Theater ist ein Theater" reproduziert und arrangiert man Versatzstücke einmal adaptierter Formelemente immer wieder neu und verweist, wenn überhaupt, auf sich selbst. Auch das Prinzip der Autoreferentialität im Theater ist freilich an sich kein Negativkriterium, im Gegenteil, dem Mechanismus des Spiels im Spiel verdankte man oft

Hochspannendes und Transparenz-Stiftendes. Neuerdings freilich gleicht die Operation Theatertheater immer mehr dem (zugleich) selbstgenügsamen und aggressiven Spiel groß, aber nicht erwachsen gewordener Luxuskinder, die ohne feste Absichten, aber auch ohne provokanten „l'art pour l'art"-Anspruch den Immergleichen das Immergleiche vorspielen, nachkauen, wiederkäuen.

Es ist aller Ehren wert und vermutlich auch ehrlich gemeint, wenn 1998 zehn prominente deutsche Bühnenchefs mit dem sogenannten „Karlsruher Protokoll" ein Manifest „wider die Verblödung" beschlossen. Im Angesicht eines Teils der selbstgemachten Beliebigkeiten könnte es allerdings zurückschlagen und zu einem Argument wider die eigene Institution werden. Freilich darf man sich vorerst noch weitgehend sicher fühlen. Man hat unter gütiger Mitwirkung der halbmanipulierten, halb manipulierenden Großkritik ein Anrecht und gute Gründe, wie angedeutet fortzufahren. Im Kindergarten der Feuilletonkultur-Lust delektiert man sich am eigenen Unwohlsein und gibt dies als ästhetisches Grundgefühl ans verehrte Publikum weiter. Unvergeßlich jener Abtritt eines nicht unbedeutenden Kritikers der zweitwichtigst genommenen Frankfurter Zeitung, der während und unmittelbar nach der Stuttgarter Premiere von Bryan Stanley Johnsons *Lebensabend* (1997) Zeichen und Worte deutlichen Ekels über das Dargebotene fand, um dann – theaterpolitisch war's eben angesagt und opportun – einen vierspaltigen Hymnus über Stück und Inszenierung zu schreiben. Und so applaudiert sich denn auch das Publikum seine möglicherweise vorhandenen Unlust- oder Langeweile-Gefühle weg und freut sich, wenn zum x-ten Mal eine Kettensäge an einer Puppe schnippelt oder wenn, wie in dem erwähnten Stück, ein Pandämonium an Alten-Karikaturen vom Comic-Opa bis zur Märchenhexe herumzittern und alzheimern. Nichts, absolut nichts wurde dabei klarzumachen versucht über die gebrochenen Gefühlslagen alter Menschen und ihrer Betreuer. Keine Rede auch von den diffizilen Macht- und Ohnmachtsverhältnissen in der Phase zwischen Restleben und Tod. Denn überhaupt werden all diese Fragestellungen obsolet durch die gezielt vergröberte, simplifizierte Darstellung der Figuren als inkontinente, verblödete, fettleibige, geile und freßsüchtige Monster. Sie sitzen nebeneinander an Rolltischchen, sabbern und ferkeln beim Essen, manipulieren an sich herum, erzählen sich alles zum soundsovielten Male selber. Wie Mondkälber werden sie dem Publikum denunziatorisch vorgeführt. Respekt scheint es nicht mehr zu geben. Auch keine Tabus.

Doch, Tabus gibt es, ein einziges, das streng respektiert wird: die Frage danach, was die dargestellten Dinge bedeuten oder bedeuten sollen. Symbolische Bedeutsamkeit ist gefragt: Noch nie wurden so viele Mythen, Mythenmärchen, Mythologeme und Mythologien verhackstückt, pardon, zelebriert wie gegenwärtig. Aber die Frage nach der schlichten Bedeutung, die gilt als unfein, deplaziert, naiv. Damit auch das Bedürfnis, nicht nur irgendwelche schrillen Bebilderungen in Kinderfarben zu sehen, sondern etwas von dem zu erfahren, was in und mit den Figuren vorgeht, die in diesen Bildern stehen.

Manchmal läßt sich der intellektuelle oder auch existenzielle Verödungssog dieser Jahre an Einzelpersonen festmachen, zum Beispiel an Botho Strauß, der in den siebziger Jahren durchaus gesellschaftskritische, bissige Dialoge zu schreiben wußte. Sieht man sich nun sein Stück *Die Ähnlichen* (1998) an, so findet man solche Selbstzitate aus der Zeit von vor zwanzig Jahren als tröstende Einsprengsel in einer sich sonst über weite Strecken in selbstgebastelten Trivialmythologemen und Pseudophilosophemen ergehenden Suada: Längst wurden aus Bissigkeit und kluger Schärfe Gags, und statt gesellschaftliche Stagnation zu „zeigen", produziert der Altmeister szenische Stagnation. Es reicht noch nicht mal mehr zum Bocksgesang.

Bleibt die Frage, warum ein um Spitzenpositionen in der auch für die Theater üblich gewordenen Hitliste bemühtes Haus dieses Opus überhaupt auf den Spielplan setzt, obwohl es, siehe die Texteinschübe, unumwunden einräumt, daß mit der Textvorlage, wie sie ist, nicht zu arbeiten ist. Man kommt sich vor wie bei der Inszenierung von *Des Kaisers neue Kleider*. Jeder merkt, daß er nichts anhat, aber alle spielen (noch jedenfalls) mit: die Theatermacher, die Kritiker, das Publikum. So gesehen, geben Stück und Aufführung zusammen Auskunft über unsere Gesellschaft. Niederschmetternd.

Tröstend vielleicht die vielen Engel, die in letzter Zeit deutsche und nicht nur deutsche Bühnen befliegen, aber nicht beflügeln. Sie und andere mehr oder weniger hübsch ausstaffierte, mehr oder weniger echte Luft- und sonstige Elementargeister bevölkern die

Szene in zunehmendem Maße, auch sie ohne besondere Motivation und Bedeutung, ob bei Strauß oder Turrini, X oder Y. Dann doch lieber gleich echte Märchenzauber- und Kinderstücke, und siehe da, schon mutiert Tankred Dorst zum liebenswert vernuschelten Erzähl-Opi und erscheint auf Münchens Kammerspielbühne, wo er einem Elitepublikum *Alice im Wunderland* erzählt, wobei Tiere und Tore den Weg in künstliche Kindheitsparadiese eröffnen. Um Mißverständnissen vorzubeugen – nicht von Kindertheater ist die Rede, sondern von einer Zadek-Inszenierung im großen Stil. Die neue Kindlichkeit auf Zeit. Regression ist ab jetzt kein Privileg der Masse mehr. Veronika Feldbusch ist allenfalls die Barbievariante wie Guildo Horn die Ballermann-Ausgabe derselben Grundbefindlichkeit, die man auch in der Maximilianstraße oder der Schaubühne erleben kann. „Pterodaktylus" für die einen, „Jurassic Park" den anderen; „von der Fettecke (Beuys) zur Nußecke", titelt ein zeitgenössischer Kulturberichterstatter und umreißt damit einen faszinierenden Demokratisierungsprozeß der Postmoderne, wo die sogenannte Hochkultur sich zu den trivialen Medien so verhält wie, um in der gentechnisch-biologistisch orientierten Terminologie der Gegenwart zu bleiben, – die α-Kopie zur DNS-Substanz.

Infantilität als letztes Band der Gleichheit, kollektive Dummheit als Garant einer „égalité". Für dieses kollektive Grundgefühl ist naturgemäß ein Preis zu zahlen. Der Preis eben jener Nivellierung, die dann Hohepriester der neuen Selektionstheorien auf eigenartige Gedanken bringt. Gedanken an Auslese, Zucht, Kontrolle, Dominanz. Wahr ist – vielleicht –, daß die Spezies Homo sapiens sapiens die einzige ist, die an der eigenen Intelligenz selbst (mit-)gestaltend wirkt. Wahr ist sicher, daß es sich um jene Spezies handelt, die an der Selbstherstellung der eigenen Regressionen und Reduktionen wortmächtig mittut. Die lange abendländische Tradition des restriktiven Denkmodells und der strategischen Unterdrückung von Intelligenzen, die als nicht systemkonform betrachtet wurden, wurde von Philosophen wie Foucault eindrucksvoll dargestellt. Die Kritische Schule war nicht deren Gegenstimme, wie gelegentlich zu insinuieren versucht wird, sondern das Korrelat dieser Bemühung, Kants Aufklärungsgebot Nr. 1, den Mut, sich seines eigenen Verstandespotentials aktiv zu bedienen, konkret umzusetzen.

Es gab und gibt demgegenüber, denn an der Aktualität dieser Demarkationslinie haben die neuen Technologien nichts verändert, eine Tendenz der Separation, Entmutigung und Dominanz der vielen durch eine kleine Zahl „Auserlesener". Dies aber ist eine psychologische, politische, soziologische, keine genetische Frage, denn es geht dabei um Profite, Gewinne, Macht, Eitelkeit, nicht um Genome und Gene und Erbsubstanzen.

Das Zarathustra-Projekt

Der Mainstream der öffentlichen Diskussion freilich bewegt sich derzeit auf biologistisch-gentechnologischer Ebene: Homo biologicus, der „Mensch" als fast ausschließlich hormonal und genomisch gesteuertes Wesen, fasziniert. Obwohl sich diese Tendenz international beobachten läßt, findet sie in Deutschland sowohl unter besonderen historischen Vorzeichen statt wie auch auf besonders verantwortungslose Art und Weise.

Deutschland ist das einzige Land, das die Regie der Diskussion ausgerechnet in die salbungsvollen Hände eines der unseriösesten Vertreter einer zynischen Modephilosophie gelegt hat. Nicht genug damit. Man merkt noch nicht einmal, wie und wo es vor sich geht. Ausgerechnet auf Schloß Elmau, seit je an anthroposophischen Themen und Lebensformen auf exklusiver Basis interessiert, kam es zu jenem Eklat, um den sich seither ehrfurchtserstarrende Runden scharen, die von Ex-Guru Sloterdijk argumentativ paralysiert zu werden scheinen: Habermas auf verlorenem Posten, andere knicken ein und drehen hohl, wenn sie am Geistesschlafittchen in die Dunkelzelle der Verstandesdämmerung abgeführt werden. Es ist schon ein bißchen wie in den Zwanzigern: Die „gute" Gesellschaft, die Zirkel, die Communities schwadronieren. Die intellektuelle Crème diskutiert, unverbindlich, spielerisch, unverantwortlich, die Medien nehmen das Potential auf und kneten daraus einen verkaufsträchtigen „Titanenkampf" der Weltanschauungsgiganten nach schlichtestem bipolaren Strickmuster: Der Hauptakteur selbst darf die Hieb- und Stichworte vorgeben, und er spricht vollmundig vom Kampf zwischen „den Kleinzüchtern und den Großzüchtern des Menschen, [...] den Humanisten und den Superhumanisten, Menschenfreunden und Übermenschenfreunden".[13]

Ausgeleierter, verflachter Nietzsche, ein bißchen gefälschter Plato und Heidegger, ein wenig provokanter Technologiejargon, und schon schweben die Mediengeier beutehungrig ein und schlucken die Philosophieaasstücke: „optionale Geburt [und] pränatale Selektion", „züchterische Steuerung der Reproduktion"[14] – die pseudophilosophischen Kotzbrocken werden gierig inhaliert und geschluckt. Hilfreich dabei ist sicher der verdauungsfreundliche schleimige Gleitstoff, mit dem die Giftbrocken umhüllt sind: Denn wann immer es brisant zu werden droht, flüchtet sich der zukünftige Selektions„direktor" in eine offenbar beglückende Rhetorik der Allusion, der Unschärfe, des „Andeutens", denn „mehr als Andeutendes ist auf diesem Felde weder möglich noch statthaft"; eine Rhetorik der Verstandesdämmerung, die, Thomas Assheuer[15] hat darauf ebenso stilsicher wie wirkungslos verwiesen, auch und gerade bei jenen zu verfangen beginnt, die sich unglücklicherweise auch noch in (Ohn)Machtspositionen befinden (siehe oben). So bekennt sich Grünen-Vorstandssprecherin Antje Vollmer zu ihrer unglücklichen Liebe zu Sloterdijks Stil (sie findet ihn „schön dunkel und raunend"). Auch das „Böse an sich" beschäftigt die erstaunliche Politlady, und sie unterläßt es in ihrer Revue der „Torheit der Regierenden", um mit Barbara Tuchman zu sprechen, auch nicht, verkitscht von den „sinnlichen Gärten" des Nationalen zu schwärmen.

Um es noch einmal klarzustellen. Es geht mir nicht um ein Ins-Unrecht- oder Recht-Setzen der mehr als dubiosen Thesen Sloterdijks. Was davon zu halten ist, sollten Kolleginnen und Kollegen aus den entsprechenden Fächern sich nicht zu gut sein, auch öffentlich zu sagen. Wie beispielsweise die Tübinger Biologin Sigrid Graumann,[16] die klar darauf verweist, daß die konkrete Möglichkeit einer „gentechnischen Veränderung" des Menschen in nennenswertem Umfang derzeit noch völlig unrealistisch ist. Die Wissenschaftlerin, die an einer jener ebenso renommierten wie offenbar irrelevanten Institutionen arbeitet, die sich seit Jahren, hochkarätig besetzt, mit Fragen der „Wissenschafts-"Ethik beschäftigen, bringt das Entscheidende auf den Punkt, wenn sie von den sozialen und psychologischen (das heißt nicht notwendig moralischen, keineswegs aber moralinsauren) Konsequenzen des gedankenlosen Umgangs mit Zucht, Züchtungs- und Selektionsmodellen spricht. Sie macht deutlich daß sich so allmählich der

Glaube an die Machbarkeit all dessen festsetze, eine Mischung von Ängsten und Erwartungen, die dazu geeignet sind, jene Realitäten herzustellen, die – von den Tatsachen abgekoppelt – auf besonders gefährliche Weise in das Leben einwirken können. Die Gefahr liegt in ebendieser Losgelöstheit von den Fakten einerseits und der Einbettung der Ideenpartikel in weltanschauliche Denkgebäude zum anderen. Genau an diesem Punkt aber stehen wir. Und die Symptome des Denkhaftungsverlusts zeigen sich exemplarisch anhand jener Debatte, auf die ich mich deshalb beziehe.

Wie sonst, wenn nicht unter Preisgabe kritischen Denkens, könnte es möglich sein, daß ein Scharlatan wie der erwähnte Philosoph nicht einfach Lachen, sondern Ernsthaftigkeit erregt. Nietzsche wollte immerhin großes Gelächter, sei es der Götter oder der Menschen. Ein anarchistisches, vitales, kraftvolles Lachen erwachsen werdender, erwachender Menschen. Der schiefe Nietzscheaner aber will – Ernsthaftigkeit. Und er bekommt sie. Bekommt sie von den Leitmedien der Nation: tierische, kindliche, kindische Ernsthaftigkeit. Schon sehen die einen das Ende der Kultur des Humanismus, träumen die anderen von der eigenen Selbstvergrößerung, statt sich den konkreten, banalen, alltäglichen, ambivalenten unendlichen Wirklichkeiten und Problemen zu stellen.

Es ist vielleicht nicht uninteressant, daß derselbe Vortrag des versierten Zeitgeistzündlers, der auf Schloß Elmau gehalten wurde, Jahre zuvor einem kunstsinnigen Basler Publikum ohne Eklat bereits präsentiert wurde. Nicht nur Ort und Zeit, vor allem die mediale Präsenz entscheidet also über die Wichtigkeit einer ‚message'. Es ist wahr und hinreichend bekannt: Medien manipulieren. Aber auch der Umkehrschluß ist nicht ganz unwichtig: Es ist vergleichsweise einfach, auch die Medien ihrerseits zu manipulieren. Denn sie sind auf die von ihnen selbst kreierten einfachen Muster fixiert. These – Gegenthese und ein Hauch von Skandal genügen, um etwas in Bewegung zu bringen. Nur eine intellektuelle Tortenschlacht? Nicht der Aufregung wert? Ich denke doch, denn hier wird mit gefährlichen Denkmustern auf fahrlässige, kollektiv infantile Weise hantiert. Die leichte Erregbarkeit einer auf Sensation gedrillten Öffentlichkeit kann zum richtigen Zeitpunkt bedient und stimuliert und eine Denktradition wie die der Kritischen Schule handstreich- und putschartig ausgeschaltet werden. Schock und Narzißmus lähmen argumentativen Protest, und selbst Habermas verkümmert im Sog dieser Überwältigungsstrategie zum belächelten Fossil.

Nicht in der abwegigen Züchtungsidee also liegt die alarmierende Bedeutung von Sloterdijks „Menschenpark-Rede", sondern allein in ihren massenmedialen Auswirkungen. Wie der Subtext zum Menschenpark-Streit wirkte eine Meldung, daß es Genforschern aus der Schweiz und den USA gelungen sei, „lebensfähige Tiere als Miniaturen zu kreieren", was etwa für Norbert Lossau[17] offenbar hinreichender Anlaß für einen Leitartikel zur Beantwortung der bangen Frage war: „Erster Schritt zum Mini-Menschen?" Solange die Gentechnikdebatte mit Publizität dieser Art rechnen muß, hat, dies ist die andere Seite der Argumentationsmedaille, die öffentlichkeitsscheue und seriöse Kritik versagt. Nicht zuletzt deshalb hier der Versuch, auf eine Entwicklung hinzuweisen, die dazu führen könnte, letztendlich auch den Stichwortgeber dieser Runde, den Karlsruher Philosophen, zum Statisten und nützlichen Idioten zu degradieren. Auch die ideologischen Anfänge des Dritten Reichs wurden nicht in den Gehirnen der Führer gelegt, sondern in elitären intellektuellen Debatten der zwanziger Jahre. Die Politiker verstanden es freilich, die Kopfgeburten der Intellektuellen zu beerben und aus ihnen grauenhafte Wirklichkeit für Millionen zu machen.

Gestrig? Mitnichten! Nur wenige Jahre sind vergangen, seit die Politverbrecher Milošević und Karadžić den argumentativen Fundus ihrer Akademien, Philosophen und Dichter plünderten, als diese mit „Reinheitskonzepten" spielten, um damit ihre Machtpolitik zu legitimieren. Und was die deutsche Variante betrifft, so ist dergleichen intellektuelle Zündelei mit postmodernen Elite-, Zucht- und Stammphantasien ja nun durchaus nicht als ‚Ausrutscher' zu betrachten, sondern als Teil eines seit Jahren betriebenen provokativen Spiels von kulturzerstörendem Zuschnitt – die Namen Botho Strauß und Peter Handke brauchen hier kaum noch einmal wiederholt werden. *SZ*-Kritiker Edo Reents hat es in einer bezeichnenderweise kleinen Marginalie auf den Punkt gebracht, wenn er das „Projekt Zarathustra" als (noch) infantiles Spiel beschreibt:

Für Kinder ist es ein Vergnügen, eine mit Wasser gefüllte Glaskugel zu schütteln, auf daß die künstlichen Flocken drin nur so stieben. Der Schnee wirbelt herum und läßt sich langsam auf der Miniaturkulisse, die meistens aus einem

Haus und ein paar Bäumen besteht, nieder. Dann ist Ruhe. Dann drohen Öde und Langeweile. Und dann muß von neuem geschüttelt werden, auf daß die künstlichen Flocken wieder fliegen.
Dem Philosophen Peter Sloterdijk wird die Debatte um seine Elmauer Rede „Regeln für den Menschenpark" vom Juli wie ein Kinderspiel vorgekommen sein – angezettelt von den Medien zu deren eigenem Nutzen und Vergnügen. Es ist ihm und seinen Verteidigern nicht zu widersprechen, wenn sie die Debatte, die hernach entstanden ist und im Faschismus-Vorwurf frühzeitig gipfelte, als künstlich bezeichneten. Und daß auch sie ihr Mütchen kühlten und die deutsche Entrüstungsindustrie an- und einen Bildungsnotstand in den Redaktionsstuben beklagten, ist vielleicht begreiflich.[18]

Allein: Bildungsnotstand hin, Medienerfolg her – es geht hier um zu viel, als daß man es dem freien Spiel der meinungsmodellierenden Kräfte überlassen darf, Dinge dieser Art zu eigenem Vergnügen, Narzißmus und Nutzen „anzuzetteln". Biopolitik-Phrasen treffen ins Herz der immer wieder in festtäglichen Reden beschworenen Menschenwürde, und wenn sie als integraler Bestandteil der sogenannten „Werbegesellschaft" nicht nur als Makulatur betrachtet werden soll, muß diesem ungestüm asozialen Akt etwas entgegengesetzt werden. Dürfte ich die Damen und Herren Wissenschaftskollegen und Kommunikatoren, die Universitäten und Akademien also bitten, sich nicht nur verdruckst und fußnotenkrank in Fachblättern zu äußern, sondern den Meinungsbildungsmarktplatz der Öffentlichkeit aufzusuchen, statt vornehm unhörbar zu bleiben? Es ist jetzt nötig. Nietzsche wurde ausgegrenzt. Sein Epigone suhlt sich im Mainstream der intellektuellen Elite.

Ich würde nicht solches Aufheben um diese Phänomene machen wollen, verdichteten sich nicht die Anzeichen einer nachhaltigen Destabilisierung und Diskreditierung kritischer Denkprozesse. Gerne lasse ich mir nachsagen, ein hoffnungslos naiver, wissenschaftsgeschichtlich inakzeptabler Fall zu sein: Aber es beginnt unerträglich zu werden, wohlbestallte Universitätsstarprofessor(inn)en, die ihr Ego sorgsamst zelebrieren, von einer historischen Überwundenheit des Subjektbegriffs phrasieren zu hören oder büchnerpreisgeschädigte Autorinnen wie die Primadonna assoluta Elfriede Jelinek zum x-ten Mal mit ihrer Ich-Losigkeits- („mich gibts nicht")-Nummer auftreten zu sehen. Daß der Glaube an die Würde des Subjekts, die Autonomie des Ichs und die Geschlossenheit von Identitätsentwürfen obsolet geworden ist und daß nicht nur in den Massen- und Luftgräbern von Auschwitz, sondern auch im alltäglichen Sozialkampf Individualität häufig verlorengeht, ist bekannt. Daraus nun freilich die Schlußfolgerung zu ziehen, es sei um das Individuum geschehen, scheint mir nicht unbedingt zwingend. Eher plausibel hingegen die Schlußfolgerung, sich gegen Einschüchterungs- und Verdummungsstrategien von Elitegesellschaften kritisch und radikal zur Wehr zu setzen.

Davon nun freilich liest man nichts in den derzeit üblichen Abgesängen an das Individuum und eine wie immer geartete Konzeption. Man sucht vielmehr, wie Kinder dies zu tun pflegen, nach der vermeintlichen Hand des Weisen – und folgt in der Regel der Spur des Rattenfängers.

Harry Pross

Priapus und die Esel

Genierliche Glosse zu Genom, Genital, Generation, Genealogie, Genozid und Gentechnik

I

Priapus soll ein Sohn des weiland umstrittenen Dionysos und der schaumgeborenen Aphrodite gewesen sein. Als Gott der Gärten anerkannt, war er dennoch nicht glücklich zu nennen. Hera, Gattin des Zeus und Patronin aller Heroen, soll den Leib der schwangeren Göttin berührt haben, weshalb Priapus häßlich und mit einem überdimensionierten Genital zur Welt kam. Über die Motive der Beherrscherin des Himmels – so tugendhaft und intrigant, wie höhere Ämter es erfordern – gibt es widersprüchliche Aussagen. Das verwundert nicht. Heutige Politologen würden „davon ausgehen", Hera könne als ältere Schwester ihres Gemahls in Dionysos und Aphrodite eine Konkurrenzpartei gewittert haben, die eine neue inzestuöse Abfolge von Amtsträgern hervorbringe. Das wäre in Demokratien, die sich auf die griechische Polis berufen (oder auch nicht, wie in Korea, Syrien, Bayern oder den USA), nicht unüblich. PR-Agenten und andere Medienleute würden eine human interest story weiblicher Eifersucht, wer mit wem, zur Agenda machen.

Nichts davon ist auszuschließen. Der Wissenschaft bleibt auch im Zeitalter der „Informationsgesellschaft" nicht erspart, über Bedeutungen nachzudenken, statt sie aus dem Internet „herunterzuladen" und zu wiederholen. Vorstellungskraft variiert aus wahrgenommenen Signalen Paradigmenwechsel. Mit erleichterten Kommunikationen wird Unvorstellbares vorstellbar, doch wie zu Homers Zeiten überspringt auch heutzutage die zur Selektion verurteilte Wahrnehmungsfähigkeit häufig die Grenze zwischen Wahrnehmung und Vorstellung: Wie nehme ich mich in anderen Augen, Ohren, Nasen, Geschmäckern und Gefühlen aus? Ohne vorgestelltes Gegenüber können weder Jung noch Alt und schon gar nicht der Mensch „auf der Höhe des Lebens" kommunizieren. Erst der prüfende Blick in das vorgestellte Spiegelbild bestätigt

Zugehörigkeit. Eher sind Übertreibungen wie die des Knaben Narziß alltäglich als Verzicht auf Götter, Idole, Vor- und Feindbilder. Mancher schon verkohlte Wahlkämpfer will „es noch einmal wissen" und wird bestraft wie Narziß. Priapus, mit seinem langen Genital für Fortpflanzungszwecke ungeeignet, näherte sich dennoch der schlafenden Nymphe Lotis. Sie erwachte und floh. Die göttliche Sittenpolizei, ihr Freund und Helfer, verwandelte sie in einen Baum, den Lotos. Die Aufsicht der Götter hat ihre Funktionstüchtigkeit in diesem Fall sexueller Belästigung bewiesen, und als Kontrollinstanz war sie von den Dichtern ja auch ausgedacht worden.

Die Legende läßt unklar, ob es wirklich einer der im Land der Griechen zahlreichen Esel gewesen ist, der durch sein mißtönendes Organ die Schlafende geweckt hat, oder ob das überdimensionale und durch den Bemächtigungstrieb erigierte Genital des Priapus die Schöne flüchten ließ. Auch der Wettstreit mit dem Esel, der dem frustrierten Priapus dann nachgesagt wird, ist undeutlich überliefert. Blieb er im polemos, dem Wortstreit und Vater aller Dinge, stecken, oder fand er genital statt als Kampf und inneres Erlebnis?

Priapus unterlag dem Esel. Soviel steht fest, wenn nicht zeitgenössische PR-Leute die ganze Story erfunden haben, um die Leistungsfähigkeit der Griechenstämme anzuheizen, deren frohe Vereinigungen auf Korynthos' Landesenge und in Olympia immerhin noch im Jahr 2000 unserer Zeitrechnung in Australien nachgeahmt werden. Über Folgen von Generation, Generationenwechsel und mit unterschiedlicher Beteiligung der Geschlechter vererbt sich priapischer Eifer bis ins letzte Dorf. Die jeglicher Kultur zugrundeliegende Arbeitsteilung bietet hierfür spezielle Dienstleistungen an.

II

Die See zu befahren, um Profit zu machen, hatten die Phönizier gelehrt. Zeus raubte die Europa von einer Insel, wo sie Papas Vieh hütete. Als die Venus Genetrix durch ihren Sohn Äneas das römische Imperium begründet hatte, wurden die romanischen Küstenländer Seemächte, dann die an den nördlichen Meeren, wohin schon die Phönizier gesegelt waren. Caesar ließ der Genetrix einen Tempel errichten. Spiele fanden dort jährlich elf Tage lang statt. Tempel, Handel und Spiel verbinden genial die Generationen, doch müssen die Leistungen heutzutage nicht mehr mustergültig sein. Auch pure Narretei gilt inzwischen als genial, während doch der Ingenieur, weit über Lombrosos Beschreibung aus dem 19. Jahrhundert hinaus, zum Genius der Zeit schlechthin geworden ist.

Wollte Hera mit ihrem genetischen Eingriff bei der schlafenden, schwangeren Aphrodite eine Genealogie mit Mutterrecht verhindern, so war sie nicht erfolgreich. Muttergottheiten symbolisieren naturwüchsige Fruchtbarkeit auch heute noch. Daß die belästigte Lotis in einen Baum verwandelt wurde, bestätigt ihre Kraft. Im Bioladen kauft man Demeterkost. Minerva brauchte nur einen Jüngling als Begleiter, Lady Di deren mehrere. Die Zahl der weiblichen Studierenden nimmt von Jahr zu Jahr zu. Nackte Weibsbilder mit und ohne Mann dominieren die bunten Auslagen der Kioske. Die Prüderie des Patriarchats scheint zurückgeschlagen. Adams und Evas Feigenblätter sind verwelkt. Die Hellenen haben über die Nazarener gesiegt; aber sie rümpfen die Nasen, wenn sich dicke Bleichgesichter aus dem Norden plutt an ihre Strände legen. Von dem jahrtausendelangen Oktroy der Spiritualisierung scheint nichts geblieben.

III

Fast nichts. Pentateuch, Thora, die fünf Bücher Mose mit der Schöpfungsgeschichte – auch Buch Genesis genannt – und dem siebten Tag als Ruhetag, dem Verbot, vom Baum der Erkenntnis zu essen, und der Austreibung aus dem Paradies, Kains Brudermord: „Da sprach der Herr zu Kain: ‚Wo ist dein Bruder Abel?' Er sprach: ‚Ich weiß nicht; soll ich meines Bruders Hüter sein?'

Wurde das heitere, ranküneneiche, sinnenfreudige Treiben des Olymp verdrängt durch das Massaker, das Moses den 3000 Leviten bereiten ließ, die das Goldene Kalb umtanzt hatten, durch das Monopol eines einzigen Gottes der Juden, den Christen und Muslime annahmen, sich untereinander spaltend und fortan mit ihrer Absonderung und Konkurrenz um diesen Gott beschäftigt? Strenger hätten die Trennungen nicht ausfallen können, durch kein Bild zu überbrücken und mit jedem Wort sich verschärfend. Wo Dichter und Künstler Lehrer gewesen waren, machten sich

Priesterkasten als Wächter der Sprachen breit. Christen stürmten die alten Tempel, zertrümmerten Altäre und führten sich selber auf die Genealogie Mose zurück und die Kinder Noahs, der noch nach der Sintflut 350 Jahre lebte, insgesamt 950 Jahre. Dann zogen sie nach aufrührerischen Predigten ihrer Päpste gegen Jerusalem, um die Genealogie ihrer Moral zu legitimieren. Sie verbrannten unter den katholischen Königen Juden und Muslime, arabische Bibliotheken in Spanien, ihre eigenen Philosophen und Gelehrten und kommen auch im 21. Jahrhundert mit ihren konfessionellen Differenzen nicht zurecht.

Der überlieferte Dogmatismus lenkt von den Aufgaben ab, die sich der Gesamtheit stellen. Die angeborenen Eigenschaften der Herrschenden gereichen den Beherrschten nicht zum Vorteil. Die europäische Geschichte geriet zu einer Abfolge von Empörungen, von denen einige als Revolutionen Dauer gewannen, ohne bei zunehmenden Bevölkerungszahlen deren Ungenügen stillen zu können. Daran änderte auch die radikale Abkehr vom biblischen Bild des von Jugend auf bösen Menschen, von Gottes Zeugungshilfe bei der alten Sara, den genetischen Selektionen von Sodom und Gomorrha und die Verspottung der Kleriker in den obszönen Damenkalendern des Rokoko nichts. Als die Französische Revolution die ererbten Landgüter aufteilte, sperrten die nordamerikanischen Revolutionäre den Grunderwerb für mittellose Einwanderer durch hohe Preise und kauften Arbeitssklaven in Afrika, um die Entfaltung der eigenen Familien zu fördern. Was freilich nicht verhinderte, daß sich die legalen Nachkommen des Nationalhelden Thomas Jefferson mit einer Sippe von dunkelhäutigen Mischlingen konfrontiert sehen, die sich auf denselben Stammvater berufen, die illegalen Hermen der Constitution (Verfassung).

IV

Als der fromme Großgrundbesitzer eine seiner Sklavinnen schwängerte, teilte die gebildete Welt das Geschlecht des Homo sapiens L. nach den Unterschieden der Geschlechtsorgane von Pflanzen ein, die der schwedische Botaniker Carl von Linné (Linaeus) in seinem *Systema Naturae*[1] 1735 zum ersten Mal veröffentlicht hatte. Dabei erfand er unter den Affen, Halbaffen und Fledermäusen die Species des Nachtmenschen (Homo nocturnus

L.) und den Tagmenschen (Homo diurnus L.), der wiederum, den bekannten Kontinenten – Asien, Amerika, Afrika und Europa – entsprechend, vier unterschiedliche Rassen aufwies. Diese waren klassifiziert nach Hautfarbe, Behaarung, Temperament, Bildung und anderen körperlichen und geistigen Merkmalen, die auf den „wilden Menschen" (Homo diurnus var. monstrosus L.) zurückgeführt werden konnten.

Dem Botaniker folgten Geografen, Sprachforscher, Somatiker und Semantiker. Das 18. Jahrhundert endete mit der Anstrengung des Züricher Pfarrers Johann Kaspar Lavater, die Physiognomie zur Wissenschaft der Menschenkenntnis zu erheben. Seine menschenfreundlichen Deutungen entnahm er christlichen Lehren und antiken Bildnissen, und der verkrüppelte Lichtenberg warnte umsonst: *Über Physiognomik; wider die Physiognomen.*[2] Priapus kehrte in Lichtenbergs „Fragment von Schwänzen" wieder, doch für Lavater war Jesus Christus der schönste aller Menschen. Er stellte sein Bild Karikaturen von Türken gegenüber, wie sie schon die „Judensäue" an den Kirchen des 13. Jahrhunderts in Colmar, Metz, Köln, Xanten, Regensburg, Wittenberg und Brandenburg aufweisen. Auch die industriell mobilisierte Menschheit des 19. und 20. Jahrhunderts blieb darauf angewiesen, ihre Weltkenntnis nach den Konstruktionen ihrer eigenen Kulturen und deren äußeren Erscheinungen zu bilden. Versuche, die genetischen Veranlagungen künftiger Generationen durch Eugenics (= „Wohlgeborene")[3] Rassenhygiene[4] zu verbessern, folgten den im Zuge des europäischen Imperialismus gewonnenen Kenntnissen fremder Völker, Stämme, Sippen, Familien und deren Umgangsformen, Bräuchen, Sitten und Gesetzen über die herrschenden Vorschriften hinaus. Hatte nicht schon der Arzt Aristoteles seinem mazedonischen Schüler Alexander geraten, die Griechen zur Oberklasse des Riesenreiches zu erklären und die anderen zu Barbaren?[5]

Mobilität verändert Weltbilder, doch scheint das *Stigma des Fremden*[6] sich konstant zu erneuern. Geschmacks- und Geruchssinn spielen vielleicht eine genetisch fixierte Rolle. Alte Völker glaubten, ihre Götter und Herren durch Brandopfer günstig zu stimmen, die ihren eigenen Nasen angenehm waren. Heute weiß man, daß das weibliche Geschlecht Partner vorzieht, deren genetische Beschaffenheit das eigene Immunsystem ergänzt, und daß es entsprechende Parfüme einsetzt.

V

Vom Brandopfer über den kirchlichen Weihrauch und den Spray im Kino, den deodorisierten Büroraum zum „richtigen" Sexualaroma der Multikulti-Gesellschaft sind viele Fehldiagnosen möglich: So in den Ansätzen zu einer eugenischen Sozialethik, die sich durch die Verelendungsfolgen der Industrialisierung im 19. Jahrhundert aufdrängten, so in den fundamentalistischen und ethnonazistischen Folgerungen aus Charles Darwins Forschungen *Über den Ursprung der Arten durch natürliche Selektion.*[7] Darwin konnte auf seinen Großvater, den Dichter und Naturfreund Erasmus Darwin, zurückgreifen, der mit Rousseau korrespondierte und in der Tradition der englischen Materialisten Locke, Hume, Berkeley dachte. Aber er konnte die autoritären Widerstände ganz unterschiedlicher Motivationen nicht einschätzen, die sich gegen seinen Befund erheben würden, daß die Moral sich diesseitig nach der Evolution sozialer Standards richtet, die das Überleben der Subjekte sichern. Man spricht von „Stallgeruch". Sir Francis Galton war ein Vetter von Darwin, die Königin Victoria schmückte sich mit dem Titel Kaiserin von Indien, und das V-Zeichen des ehrenbesoldeten Tapferkeitsordens, „For Valour" (Victoria Cross), ziert noch heute jeglichen Triumph. Wie sollte der imperiale Gestus die Wissenschaft auslassen?

Der „Vater der Evolution" war in Wahrheit ihr Enkel und hinterließ vier Söhne, die sich als Naturwissenschaftler einen Namen machten. Einer seiner Verteidiger hieß Thomas Henry Huxley, Biologe seines Zeichens. Dessen Enkel, Julian Sorell Huxley und Aldous Huxley, spielten in die gegenwärtige Krise hinein, Julian als erster Chef des Kulturprogramms der UNO, der andere als zeitkritischer Romanautor. Vermutlich waren die Jahrzehnte, ehe das alte Europa 1914 in seiner „Urkatastrophe" (G. F. Kennan) versank, der Lebensqualität agnostischer Wissenschaftsdynastien ebenso günstig wie künstlerischer Sezessionen und propagandistischer Massenregie.

Merkwürdigerweise blieben trotz lebhaften Interesses der Zeitgenossen an der Tierzucht die Kreuzungsversuche des Brünner Augustinerpaters Gregor Mendel mit Bohnen und Erbsen im 19. Jahrhundert ohne große öffentliche Resonanz, wiewohl gerade in der Habsburger Monarchie rivalisierende Stammesunterschiede heftig hervortraten. Der polnische Staatsrechtler Ludwik Gumplowicz brachte die Nationalitätenkämpfe von Minderheiten um den Arbeitsertrag der Mehrheit und das damit zu gewinnende Prestige auf die Formel *Rasse und Staat* (Wien 1875). Er gab damit den Tenor für die Diskussion bis zur Jahrhundertwende 2000.[8]

Das Vielvölkerreich übte den Gang von der Humanität in die Nationalität und die Bestialität lange, ehe im Grenzstädtchen Braunau am Inn Hitler geboren wurde, der den Zweiten Weltkrieg mit 55 Millionen Toten heraufführte und den Genozid zur Reichssache machte. Seitdem ist der Krieg der Rassen nicht mehr zur Ruhe gekommen.

Daran wird auch nicht viel ändern, daß der Genforscher Cavalli-Sforza aus einer langen Reihe von Versuchen nachweisen konnte, daß 85 % der genetischen Varianten zwischen Individuen derselben Gruppe vorkommen, 6 % zwischen Individuen-Gruppen auf demselben Kontinent und 9 % zwischen Gruppen verschiedener Kontinente. Im Affenvergleich zeigt eine Gruppe von fünf afrikanischen Schimpansen mehr genetische Differenzen als die ganze Menschheit.[9]

Umweltbedingte Unterschiede wie die Hautfarben verändern sich freilich nicht mit individuellem Ortswechsel. Weißhäutige bräunen in der Sonne und können in den Tropen leicht an Hautkrebs erkranken, und Schwarze werden in Brandenburg von Rassisten ermordet, weil sie durch eine große Portion Melanin auffallen, auch wenn sie, wie geschehen, einen deutschen Paß haben. Bei Schwarzen, Braunen, Gelben und Weißen sind natürlich unterschiedliche Schattierungen möglich. In den USA sind Farbige weniger schwarz als in Zentralafrika. Skandinavier sind heller als Spanier. Dennoch können sie in Rechtsformen zusammenleben.

VI

Die Herrschaft der regierenden Genealogien in Europa endete mit der Ermordung des österreich-ungarisch-böhmischen Erzherzogs Franz Ferdinand und seiner Frau 1914. Miteinander verschwägerte Familien brachten sich gegenseitig um ihre Throne. Diese wurden für Erbansprüche der beherrschten Völker frei, die sich als Massen aus unterschiedlichen Minderheiten mit widersprüchlichen Überlieferungen durchsetzten. Nach der tausendjährigen

Infiltration der Gehirne und dem großen Morden des Ersten Weltkrieges sollte neu angefangen werden. Aber einen Neubeginn gab es nicht. Das Russische Reich ersetzte eine alte Orthodoxie durch eine neue. Die Osmanischen, Habsburgischen und die Dynastien des Deutschen Reiches von 1871 zerfielen. Die Oberklassen blieben und kauften sich neue Sklaven für 30 Silberlinge, um die fünf Millionen Toten zu ersetzen. Äußerer Druck erzwingt kollektive Identifikationen, je simpler, desto nachhaltiger. Nichts fürchten Menschen mehr als den Ennui, die Langeweile. Sie macht ihnen ihre innere Leere unerträglich, hat Blaise Pascal schon im 17. Jahrhundert vermerkt. Das Grauen des deutschen Rassismus fixierte den interkonfessionellen soupçon fundamentaler religiöser Fremdheit der Christen untereinander in den Katholiken und Protestanten gemeinsamen Antijudaismus auf 1935 juristisch definierte „Fremdrassige".

Revanchismus vereinte ihn mit dem „Kampftrieb", den der Philosoph Max Scheler und andere Kulturheroen 1914 als höchsten Wert gepriesen hatten. In einer psychologischen Studie, „Über Gesinnungs- und Zweckmilitarismus"[10] nannte Scheler den „Gesinnungsmilitarismus" mehr ein Kunstwerk als ein Werkzeug:

Er hat sich dem Gesamtleben des Volkes nicht von außen angesetzt, sondern ist, wie gewisse kalkige Schalen von Meerestieren, ein Werk wesentlich innerer, organisch-physiologischer Arbeit. Im Verhältnis zu jenem Zweckmilitarismus, dem das Heer nicht zunächst Krone und Blüte der Nation, die Zeit des Heeresdienstes auch für die untersten Volksklassen die „Universitätszeit der Armee" ist – wie man richtig sagte –, sondern Werkzeug einer nichtmilitaristischen Regierung, kann dieser Gesinnungsmilitarismus sogar sehr unzweckmäßig sein.[11]

Unter den äußeren Folgeerscheinungen zählt Scheler den Offizier als soziales Vorbild. Alle sozialen Rangklassen werden nach militärischen Rangunterschieden gemessen. Man sieht Säbel, Degen, das Portepee als Symbol des Priapus, und „bei der für die Formung des künftigen Typus Mensch so wichtigen Liebeswahl das ‚bunte Tuch' und die mit ihm verbundenen militärischen Tüchtigkeiten auf die Weiblichkeit aller Stände und Klassen die stärkste Zugkraft äußern."[12] Was nun stattdessen, wenn nicht Rasse und Zucht?

VII

Die Vakanzen der Throne nach dem Ersten Weltkrieg massierten unterschiedlichste Motivationen konservativer und progressistischer Herkunft zu einem „programmatischen Opportunismus" (Jakob Marschak) der „nationalen Erhebung". Sie führte über die Eugenik den Genozid herauf, vorbereitet durch die international anerkannte Praxis, mittels Aussiedlungen, Umsiedlungen, Vertreibungen die mit dem Zusammenbruch der alten Imperien akut gewordenen ethnischen Differenzen zu lösen, praktiziert durch ein Großdeutsches Reich, das mythologische Erblasten mit modernster Technik verband. Die Gasöfen wurden mit Kampfgasen des Ersten Weltkriegs angeheizt, die Fahr- und Flugzeuge der „Blitzkriege" entsprachen dem neuesten Stand der internationalen Technik. Nur das humane Bewußtsein war zurückgeblieben.

Dem priapischen Dünkel kaiserlicher Helmzier Wilhelms II. auf hohen Absätzen folgte der erigierte Arm des Faschistengrußes, dem Ehrendolch der SA-Männer endlich das Revolvergehänge amerikanischer Besatzungssoldaten und die Reitstöckchen französischer und britischer Korporale, die nie ein Pferd von oben gesehen hatten und dennoch das „Fräuleinwunder" bewirkten. Schließlich durch Film und Fernsehen alltäglich geworden – der Ballermann als entscheidendes Glied jeglicher Handlung.

Der sowjetische Diktator Stalin, dessen Bündnis mit Hitler 1939 den Überfall auf Polen ermöglicht hat, nannte Dichter die Ingenieure der Seele; aber es wären wohl eher die Ingenieure die Seelen der Dichter zu nennen, wie die global rasenden Fortschritte der Signalökonomie im Bündnis der Elektrizitätsindustrie mit dem Bankgewerbe seit einem Jahrhundert nahelegen. Ihr sind die Erfindungen der Atomforschung zuzuschreiben, mit denen die USA 1945 ein neues Machtverhältnis in der Weltgeschichte eröffneten, wie die der Computerindustrie, die ermöglicht hat, das menschliche Genom zu „entschlüsseln". Verfällt deshalb Kritik der Kontingenz, weil sie diesen jederzeit lebensbedrohenden Großmächten gegenüber nicht mehr verallgemeinert werden kann und nur noch eine Pluralität von Standpunkten übrigläßt?

Auch Charles Darwin konnte keinen Weltplan erkennen und keine Weisheit im Detail. Das warfen ihm die Gläubigen seiner Zeit schon vor, und es gibt heute wieder amerikanische Schulen, an denen die Evolutionstheorie nicht unterrichtet werden darf. Jede Religion braucht *fundamentals*. Diese aber Märtyrer, die das Fundamentale verkörpern. Das kirchliche Verbot von Mischehen unterschiedlicher Konfessionen und die Mesalliance nicht ebenbürtiger Personen bestehen noch im 21. Jahrhundert in abgeschwächter Form, die immer dem sozial Stärkeren zugute kommt. „Abusus non tollit usum". Im Jahr 2000 schlägt der Bühnendichter Rolf Hochhut vor, das wilhelminische Denkmal des Fürsten Bismarck vor das restaurierte Reichstagsgebäude zu stellen, in dem der Deutsche Bundestag arbeitet, wie wir doch hoffen wollen. Denkmäler reflektieren den Verblendungszusammenhang ihrer Erbauer, die sie sich so setzen, wie sie als Stifter wünschen gesehen zu werden.

VIII

Was aber soll ein genetisch nicht getesteter Fürst aus dem 19. Jahrhundert im 21. Jahrhundert vor dem Parlament, wo doch Deutschland in der Biotechnologie vorne liegt: 279 von 1350 Unternehmen und 8000 Beschäftigte erwirtschaften 1,008 Milliarden DM. Der Forschungsschwerpunkt ist die Krebstherapie. In der Erforschung pathologischen Verhaltens der politischen Klasse liegt die Gentechnik noch weit zurück. Die holländische Universität Nijmegen stellte zwar eine gewalttätige Familie vor, die monoamineoxidase-belastet ist, doch ist dies nur ein Anfang, und ob zuviel Serotomin im Hirn Fehlentscheidungen verursacht oder sie nur begleitet, wäre im politisch-ökonomischen Management erst noch nachzuprüfen.

Es ist nicht bekannt, daß die Angehörigen der politischen Klasse ihre Charakterqualität anders entwickeln werden als die übrige Menschheit, nämlich sehr früh in den ersten drei Lebensjahren und dabei schnell lernend, was sie schwer vergessen.

Führende Fachleute der Gentechnik beurteilen die neuen Errungenschaften eher skeptisch: Als im Juli 2000 die öffentlich Forschenden bekannt machten, 97% des menschlichen Erbgutes seien bekannt, entschlüsselten die 300 Dechiffriermaschinen der Firma Celera Genomics bis zu 1000 Basen in zwei Stunden. Der 95jährige Nestor der Biochemie, Erwin Chargaff, sagte der *Süddeutschen Zeitung* (17. 7. 2000), das Malheur mit der Wissenschaft bestehe heute darin, daß die Versuche so kompliziert geworden sind, daß fast niemand mehr irgendwas wiederholt. Ist also das, was da publiziert werden wird, im wissenschaftlichen Sinne wahr? Es ist fast unmöglich, das festzustellen. Es gibt kein menschliches Auge, das eine Milliarde Punkterln vergleichen könnte. Sie haben 100 Jahre zu früh gefeiert.

Noch früher (1963) hatten Fachkapazitäten unter UNESCO-Direktor Julian Huxley auf die Zucht einer Weltelite aus Samenbanken spekuliert. Das war eine noble Fortsetzung der Rassenpolitik des British Empire, dann der Kaiser-Wilhelm-Gesellschaft, danach der SS, deren Wissenschaftler teils verurteilt, teils im bundesrepublikanischen Wissenschaftsbetrieb untergekommen waren. Am Ende des Jahrhunderts pries der französische Romancier Michel Houellebecq die Eugenik als die Praxis der Zukunft, die durch den deutschen Genozid nur aufgehalten worden sei. Im Juni 2000 haben dann der amerikanische Präsident Clinton und der britische Premier Blair die Entschlüsselung des menschlichen Erbgutes global im Fernsehen verkündet, gemeinsam mit Craig Venter, Chef der privaten Firma Celera Genomics, und dem Sprecher der staatlich subventionierten Human Genome Organization (Hugo). Die Konstellation bestätigt die reale Herrschaft des ökonomischen Mittels im Besitz der weitestreichenden Kommunikationsmedien über die auf repräsentative Aufgaben zurückgedrängte Politik.

Dieses Mißverhältnis der Kräftequellen kritisch im Auge zu behalten erschließt zwar kein Genom, wohl aber einen Zugang zur Vernetzung evolutionärer Kulturprozesse.

Heinz Schlaffer

Über den Geist der Geisteswissenschaften.
Akademische Glossen

Die Idee der Universität – eine der vielen guten Ideen, die der deutschen Intelligenz im 18. Jahrhundert kamen – wurde an der philosophischen Fakultät erfunden. Ihr, die sich vorher mit propädeutischen Handreichungen für die höheren Fakultäten der Theologen, Juristen und Mediziner zu begnügen hatte, gelang es damals, gerade an ihre Disziplinen den Begriff der Wissenschaft zu binden. Um 1800 wurde in Jena, Halle, Heidelberg und Berlin die Universität zu dem Ort, an dem sich die Bildungsgeschichte des einzelnen wie der bürgerlichen Elite entschied. Diese Institution übernahm in Deutschland die Aufgabe, die anderswo dem Hof, der Aristokratie oder den Metropolen zukam. In einer Reihe aufsehenerregender Antrittsvorlesungen hatten in Jena Schiller, Fichte, Schelling und Hegel dem Studium der Wissenschaft eine so hohe Bestimmung zugesprochen, daß den Studenten die an der Universität verbrachten Jahre als euphorischer Zustand jugendlicher Entdeckungslust erscheinen mußten. Nicht zufällig gilt als das Hauptwerk der deutschen Literatur Goethes *Faust*: Sein Held ist Professor, seine Welt – auch wenn er ihr zu entfliehen trachtet – die Universität. Ihr Pathos reicht bis zur Studentenbewegung. Sie versuchte, die romantische Idee wiederzubeleben, daß das Studium Konsequenzen für die eigene Denkweise und eine durch sie begründete Lebensweise haben müsse.

Ironischerweise haben sich die Erfolge wie die Mißerfolge des Studentenprotests zu dem Resultat vereinigt, daß die Universitäten ihre intellektuelle Sonderstellung verloren und sich zu einer lieblosen Normalität bekehrt haben. Die Idee der Universität zerging in der hektischen Folge von Reformen, die jene Idee abwechselnd verändern, vertreiben, anpassen, vergessen oder wiederherstellen wollten. Waren die Reformkonzepte falsch oder die gesellschaftliche Realität unbeeinflußbar – jeder neue Zustand besaß einzig den Vorteil, daß der jeweils vorangehende Zustand im Rückblick als der bessere erschien. Die heutige Wirklichkeit ist die Rache der Idee an ihren Reformen.

Wer auf diese Wirklichkeit der Universität blickt und dennoch ihre Idee nicht vergessen kann, mag in der Glosse eine geeignete Form vermuten, um das Mißlingen im einzelnen bewußt zu machen, ohne sogleich auf seine Verbesserung im ganzen zu drängen. – Die folgenden sechzehn Glossen sind aus etwa sechzig „Zwischenrufen" ausgewählt, die ich in den letzten zehn Jahren im „Forum Humanwissenschaften" (Redaktion Christine Pries) der *Frankfurter Rundschau* veröffentlicht habe. Für den vorliegenden Band wurden sie überarbeitet.

Apollinische Distanz

Ehe die Geisteswissenschaften sich in Kulturwissenschaften umbenannten, konnte man viele ihrer Professoren an Orten der Kultur als Teil des Publikums antreffen: im Theater, im Konzert, im Museum, bei Vorträgen. Ästhetische Erfahrungen betrachteten sie als notwendige Voraussetzung und glückliche Folge ihrer gelehrten Aufgabe, Werke der Dichtung, der Musik, der Malerei zu interpretieren. Da sie ihre Bücher und Aufsätze nicht ausschließlich, ja nicht einmal an erster Stelle für ihre Fachkollegen schrieben, sondern ebenso für die gebildete Öffentlichkeit, war es ihnen nicht peinlich, selbst zum Bildungsbürgertum zu gehören und an dessen kulturellen Repräsentationen teilzunehmen.

Heutige Kulturwissenschaftler halten sich an allgemeine (meist sehr allgemeine) Theorien und wenden sie auf spezielle (meist sehr spezielle) „cultural studies" an, die sie auf internationalen interdisziplinären Symposien in bekannten oder entlegenen Gegenden der Welt zur Kenntnis nehmen oder bringen. Kultur ist ihnen ein Gegenstand, von dem sie aus der Sekundärliteratur erfahren, keine Sphäre, die sie aus eigener Anschauung kennen. Denn anders als ihre Vorgänger sieht man die Professoren der neuen Generation außerhalb der Diensträume und Hörsäle kaum je in ihrer Stadt – dies wäre ein Eingeständnis, daß sie andernorts nicht begehrt sind. Die Reisen zu kulturwissenschaftlichen Tagungen lassen keine Zeit für jene Orte, an denen Kultur mit eigenen Augen und Ohren erlebbar wäre.

Die Globalisierung des Wissenschaftsbetriebs führt so zur Enturbanisierung der Betriebsangehörigen: Sie leben wahrhaft in einem globalen Dorf. Den dionysischen Versuchungen der Kunst gegenüber halten die modernen Kulturwissenschaftler eine apollinische Distanz, die vom schlichten Desinteresse an Bildung (das sie ihren Studenten oft genug vorwerfen) nur schwer zu unterscheiden ist.

Trauer-Spiel

Lange ist es her, daß die Beschäftigung mit den Humaniora eine fröhliche Wissenschaft (gaia scienza) von schönen Schriften (belles lettres) hieß, ein heiteres Privileg also von Halbmüßiggängern, die – deutlich abgerückt von aller Lebensnot – ihre glücklichste Zeit an so schicksallosen Orten wie Bibliothek, Schreibtisch und im geselligen Kreis zubringen. Dagegen geht durch die Geisteswissenschaften im zwanzigsten Jahrhundert ein apokalyptischer Ton, vom „Untergang des Abendlandes" bis zum „Tod des Subjekts". Obgleich im angeblich untergegangenen Abendland die angeblich toten Subjekte immer noch Bücher schreiben, versichern sie in diesen Büchern, daß in der Tat die scheinbar solidesten Dinge verschwunden seien. Alles, was traditionell der Gegenstand der Geisteswissenschaft war – Mensch, Kultur, Zeichen, Sprache, Schrift, ja die Bücher selbst –, soll nun, glaubt man den Versicherungen der Apokalyptiker, nicht mehr dasein oder sogar nie dagewesen sein.

Bewiesen wird diese traurige Diagnose durch die üppige Verwendung der Wörter „Krise", „Lücke", „Bruch", „Aporie", „Schein", „Schweigen", „Leere", „Ende". Die Vernunft sei in die Krise geraten, zwischen Signifikant und Signifikat tue sich eine Lücke auf, Verstehen überspiele den Bruch zwischen mir und den anderen, Erzählen führe in eine Aporie, Kommunikation geschehe nur zum Schein, der Grund einer Rede sei das Schweigen – und so fort und kein Ende. Wundern muß man sich darüber, daß überhaupt noch jemand auf diesem Gebiet, in dem offensichtlich Katastrophen alltäglich geworden sind, aus freien Stücken tätig sein mag. Der Geisteswissenschaftler gewinnt durch eine solche Existenz zwischen klaffenden Abgründen eine heroische Statur – und entrinnt dadurch dem Verdacht, sich von der Gesellschaft einen heiteren Aufenthalt im Paradies der Wörter bezahlen zu lassen.

Die Helden der Dekonstruktion, die durch jeden schönen Vers hindurch das Nichts seiner Bedeutung erkennen, sind doppelt kluge Bajazzos. Anders als ihre larmoyanten Vorläufer im neunzehnten Jahrhundert verbergen sie nicht hinter der lustigen Schminke ein trauriges Gesicht; vielmehr legen sie ein tragisches Kostüm an, damit niemand ihnen das amüsante Geschäft neidet, das sie in Wahrheit betreiben.

Feiertage der Wissenschaft

Das „kulturelle Gedächtnis", ein anspruchsvoller Begriff der Geschichtstheorie, verwandelt der aktuelle Kulturbetrieb in ein mechanisches Abfeiern von „runden" Geburts- und Todestagen berühmter Männer. Von dieser prosperierenden Gedenkindustrie profitieren auch die Fachleute der historischen Wissenschaften, die über das biographische Material verfügen und deshalb zu kleinen und großen Festakten Vorträge und Jubiläumsartikel beisteuern dürfen. Sie sind dankbar für solch öffentliche Aufmerksamkeit, die sich ihrer Disziplin, um die es seit langem still geworden ist, wenigstens für einen Augenblick zuwendet. Aber ist es überhaupt noch ihre Disziplin, die sie in solchen Gedenkjahren einem größeren Publikum vorführen?

Die historischen Wissenschaften haben im 20. Jahrhundert die Vorstellung hinter sich gelassen, Geschichte sei das Resultat von Handlungen großer Männer, Kunst der Ausdruck von Erlebnissen des Genies. An die Stelle der Chronologie von Staatsaktionen und Künstlerbiographien ist die Analyse anonymer Gesellschaftsstrukturen und ästhetischer Wahrnehmungen getreten. Doch diese wohlbegründeten methodischen Prinzipien gelten nicht mehr, sobald die Gedenkfeiern, die ein biographisches Datum festlegt, die Rückkehr zum überwundenen Biographismus erfordern. Für die ernsthaften Gegenstände moderner Geisteswissenschaften – die Organisation der venezianischen Seemacht etwa oder den Übergang vom Epos zum Roman – gibt es keine Jubiläen, sondern nur für Goethe, Bismarck, Nietzsche. Um sie wunschgemäß zu feiern, passen sich die Gelehrten bereitwillig den Erwartungen ihrer Leser und Zuhörer an, denen Anekdoten aus dem Leben der Großen am meisten behagen. Bei solchen Gelegenheiten befriedigen die Gelehrten das unersättliche Bedürfnis nach Klatsch auf würdevolle Weise: Durch historische Distanz scheint er entrückt und durch die Sphäre der Macht oder der Kunst veredelt zu sein.

Öffentliche Geltung, um die sich die Geisteswissenschaften zunehmend sorgen, gewinnen sie am leichtesten, wenn sie zu einem sacrificium intellectus bereit sind, der strengen Wissenschaft abschwören und den banalen Mythen huldigen.

Das Unglück des Rechtecks

Wer den Brief vor sich liegen hat, der ihn einlädt, einen Vortrag an einer anderen Universität zu halten, der kann deutlicher aus dem rechteckigen Format des Schreibens als aus dem vorgeschlagenen Thema das Schicksal ablesen, das ihn erwartet, sobald er die freundliche, wenn nicht gar ehrenvolle Einladung angenommen hat. Es ist nämlich das Rechteck, das ihn von nun an bis zum Ende des Unternehmens verfolgen wird. Rechteckig sind die Bücher, die er nachschlägt, das Manuskript, das er herstellt, der Schreibtisch, auf dem er dies tut, rechteckig sind die Mappe, der Koffer, die Fahrkarte, das Zugabteil, das Taxi, das Hotelzimmer, das Büro des Kollegen, die Reisekostenabrechnung, der Hörsaal, das Pult. Im Gefolge dieser Vereinheitlichung zur geometrischen Form erscheinen ihm auch die ausgetauschten Argumente und Komplimente, die akademischen Nachrichten und Forschungspläne als rechteckig. Ist nicht, so fragt er sich am Schluß des Tages, sein eigener Kopf auch rechteckig geworden?

Erst vor dem Einschlafen kehrt die alte Gestalt des Kopfes zurück und mit ihr die Erinnerung an die Formen, die er verlassen, vielleicht sogar verraten hat, seitdem er jenem seltsamen Vorschlag gefolgt ist – an die Formen, die sich in kein Rechteck fügen: die Bäume vor dem Fenster seines Hauses, das Teegeschirr, das Teppichmuster, das Fell der Katze, die Spaziergänge und die Gedankengänge. Was so vielversprechend, als handle es sich um die geheimnisvolle Vereinigung von Abenteuer und wissenschaftlicher Mission, „Vortragsreise" heißt, stellt sich dem Entzauberten als leerer Formenzauber dar: als höhnischer Triumph des Rechtecks über das amorphe Leben.

Virtual science

Das neue deutsche Wort „scientific community" verdeckt die alte Wahrheit, daß Wissenschaft nicht nach den Gesetzen der Gemeinschaft, sondern der Hierarchie funktioniert. Es ist Aufgabe der Vielen in der Gemeinschaft, von den Wenigen zu reden. An sie, die großen Namen, denkt daher zuerst, wer durch die Planung eines wissenschaftlichen Kolloquiums seine Zugehörigkeit zur „scientific community" beweisen möchte – und diese ist bewiesen, sofern es dem Veranstalter gelingt, seinen kleinen Namen mit den großen gemeinsam auf dem Programm der Tagung erscheinen zu lassen.

Verwundert und glücklich wird der bescheidene und doch hoffnungsvolle Organisator der Tagung feststellen, daß die Zelebritäten seine Einladung bereitwillig annehmen. Sie versprechen einen Vortrag, wenngleich oft nur pauschal („Thema wird noch festgelegt": Bei solchen Leuten muß man auf die Inspiration des Augenblicks vertrauen). So liest die gelehrte Welt, der das erste Programm zugeht, immer wieder die Namen der Koryphäen, behält sie im Gedächtnis, bewundert ihren Fleiß, ihre schier unbegrenzte Kompetenz und beugt sich vor ihrer Allgegenwart. Kurz vor der Tagung erhalten die Teilnehmer am Kolloquium – geringere Leute, die ihren Rang durch die Nähe zu den angekündigten Berühmtheiten schon erhöht sahen – das endgültige Programm zugesandt. Jetzt fehlt ein großer Teil der großen Männer und Frauen; wegen „anderweitiger Verpflichtung" oder „Arbeitsüberlastung" mußten sie absagen. Am Beginn der Tagung fehlt dann auch der Rest der großen Männer und Frauen, nun wegen „plötzlicher Erkrankung" oder „familiärer Angelegenheiten". Jetzt tagt es.

Auch wenn so das Spiel von Zusage und Absage leer ausgeht, so haben doch alle Beteiligten dabei gewonnen. Bereits die Möglichkeit, mit den bekannten Größen beinahe zusammengewesen zu sein, wirft einen Abglanz auf die Kleinen. Jene, die von Anfang an den Rücktritt einplanten, haben sich, wenngleich nur virtuell, wieder einmal in der „scientific community" gezeigt, indem sie sich ihr ankündigten, um sich ihr schließlich, weil ihre Bedeutung weit über diese kleine Veranstaltung hinausgeht, zu entziehen. Sie halten sich – die Erwartung ihrer Ankunft nährend, zu der es nicht kommt – präsent, ohne sichtbar oder gar tätig zu sein. So leben Götter.

Subventionierte Freundschaften

Mit den Wörtern „Freund" und „Freundschaft" geht unsere Zeit sparsamer um, als frühere Jahrhunderte es taten. Keinem Freund wagt man heutzutage unter vier Augen zu sagen, daß er unser Freund sei. Leichter fällt es gegenüber Dritten, diesen oder jenen als unseren Freund zu bezeichnen. Im akademischen Brauchtum bietet jedoch das Vortragswesen Gelegenheit dazu, öffentlich von Freundschaft zu sprechen. Der Redner und der, der ihn eingeladen hat, verleihen sich gerne gegenseitig den Titel „Freund".

Wer nach den Lebensumständen fragt, aus denen eine solch verwunderliche Freundschaft unter Kollegen hervorgegangen ist, der wird kaum auf Spaziergänge zu zweit, gemeinsame Liebhabereien, durchzechte Nächte, Austausch von Geheimnissen und intensive Briefwechsel stoßen, wie sie zum überlieferten Bild der Freundschaft gehören. Vielmehr steht am Anfang eine Veranstaltung wie die, auf der gerade die „Freunde" sich befinden: eine Vortragsreise, eine Tagung, ein „Symposion" (ein enthusiastisches Wort und eine schnöde Wirklichkeit). Die angebliche Freundschaft besteht im fortgesetzten Besuch solcher Veranstaltungen, auf denen die Anforderungen des Spezialgebiets und die Gesetze der Statistik immer wieder die gleichen Teilnehmer zusammenführen.

Die Kosten solcher „Freundschaften" übernimmt die Institution, die das gelehrte Treffen arrangiert hat, meistens also der Staat. Er ist der Schutzherr der Freundschaften unter Wissenschaftlern. Würden seine Mittel gestrichen, so fänden wohl auch die subventionierten Freundschaften ihr Ende. Eine so harte Prüfung vermöchten sie nicht zu überstehen. Gewiß, es gibt sie noch, obwohl sie rar geworden ist: die gute, alte Freundschaft unter Gelehrten. Zu erkennen ist sie einzig daran, daß die Freunde selbst für Reise, Übernachtung, Essen zahlen, zu keinem anderen Zweck, als miteinander zu reden. Deshalb sollte streng zwischen Kostenträgerfreundschaften und Selbstzahlerfreundschaften unterschieden und die Anrede präzisiert werden: „mein bezahlter Freund" oder „mein zahlender Freund".

Einfach komplex

Absolventen amerikanischer Elite-Universitäten lassen sich, so wird erzählt, daran erkennen, daß sie in Diskussionen eine dreigliedrige Frage, also eine in drei Unterfragen aufgeteilte Oberfrage, zu stellen in der Lage sind. Der deutsche Geist gab schon immer der Synthese den Vorzug vor der Analyse. Deshalb ersetzte er die äußere durch eine innere Dreigliedrigkeit: die Dialektik. In den späten sechziger Jahren wurde sie so populär, daß man sich die Explikation von These, Antithese und Synthese ersparen konnte und lediglich „dialektisch" als Adjektiv oder Adverb in einen Satz einfügen mußte, um mit einem einzigen Wort sogleich drei Gedanken anzukündigen. Ob sie wirklich gedacht wurden oder auch nur denkbar waren, spielte dabei keine Rolle; entscheidend war, daß die Hörer oder Leser dieses Worts seinem Benutzer solche Gedanken unterstellten, was sie um so lieber taten, je weniger sie selbst sich etwas darunter vorstellen konnten.

Es wandeln sich die Zeiten und die Wörter mit ihnen. Was aber bleibt, ist die Unlust zu denken und die Lust, dennoch als Denker zu gelten. Seitdem die Systemtheorie den Marxismus als akademisches Idiom abgelöst hat, ist an die Stelle der „Dialektik" die „Komplexität" getreten. Wer heute auf inneren Gedankenreichtum verweisen will, den er seinem Publikum – leider – nur in äußerster Verknappung andeuten könne, der gebraucht das Wort „komplex". Heißen eine Situation, eine Funktion, ein Prozeß „komplex", so wird eine solche verblüffende Einsicht wegen ihrer Kompliziertheit bewundert, ohne daß diese noch im einzelnen expliziert werden müßte. Am einfachsten ist Komplexität zu reduzieren, indem man sie auf das Wort „komplex" reduziert. Die scharfsinnigsten Köpfe sind daran zu erkennen, daß sie „komplex" zu „hochkomplex" steigern. Wie beschränkt ist dagegen doch das dialektische Zeitalter gewesen: auf „hochdialektisch" ist damals niemand gekommen.

Analyse des Kompositums

Wer ein Seminar über „Die Lyrik Rilkes" abgehalten und Referate vergeben hat, wird auf deren Titelblatt das Thema der Lehrveranstaltung häufig in etwas veränderter Fassung wiederfinden: als

„Rilkeseminar". Ähnliche Verkürzungen müssen auch die den Studenten gestellten Aufgaben hinnehmen. „Rilkegedichte" heißt es, wo es „Gedichte Rilkes" oder „Rilkes Gedichte" heißen sollte, je nachdem, ob der leitende Gesichtspunkt durch die Einheit der Gattung Lyrik oder die Einheit des Autors Rilke bestimmt ist. „Lyrikanalyse" hat sich an die Stelle einer „Analyse von Lyrik" gesetzt. Die selbstgewählte Überschrift „Gedichtinterpretation" läßt offen, ob eine „Interpretation der Gedichte", „von Gedichten" oder „eines Gedichts" versprochen wird.

Das Kompositum ist – bei den Dozenten kaum weniger als bei den Studenten – so beliebt, weil es, obgleich ad hoc erfunden, wie ein seit langem gebrauchter und daher wohldefinierter Begriff wirkt, auf den man sich verlassen kann, ohne ihn selbst zu definieren. In Wirklichkeit jedoch sind die inneren logischen Verhältnisse solcher Komposita unklar und mehrdeutig – was für ihre Benutzer den Vorteil hat, daß wenigstens eine der möglichen Bedeutungen die passende sein dürfte. Dagegen war in den älteren Bildungen mit Hilfe des Kasus oder der Präposition bereits eine kleine Vorschule der Logik versteckt, weil die genaue Relation von Über- und Unterordnung, von Abhängigkeit und Partialität zwischen den zwei Substantiven bedacht und formuliert werden mußte. Die Sorge um grammatische Korrektheit erzwang auch eine gedankliche Klärung des Sachverhalts.

Komposita klingen sehr wissenschaftlich, neue Komposita sogar innovativ, aber sie untergraben gerade die elementare Bedingung von Wissenschaftlichkeit: die Fähigkeit nämlich, analytisch zu denken.

Unter Sonderdruck

Das Gleiche ist sehr verschieden, sobald es sich in das Eigene und das Fremde unterscheiden läßt. Dies lehrt der Sonderdruck, der stärkste Druck, unter dem das Gelehrtenleben steht. Glücklich macht er, Belegstück des eben publizierten Aufsatzes, wenn er die lange Reihe der eigenen Schriften wieder um einen Millimeter verlängert. An solchem Glück sollen auch, da die Zeitschrift den Sonderdruck in zwanzigfacher Ausführung liefert, die Kollegen teilhaben, an die er „mit herzlichen Grüßen" und der Erwartung gesandt wird, daß sie sich über diese Aufmerksamkeit, über die

Belehrung und vor allem über die Gelegenheit freuen, Fleiß und Scharfsinn des Verfassers zu bewundern und dafür ausführlich zu danken.

Undenkbar ist dem Sonderdruckversender, daß der Sonderdruckempfänger den Empfang des Sonderdrucks so beurteilen könnte, wie man ihn selbst beurteilt: als eine gelinde Form des Hausfriedensbruchs. Darlegungen, die man so oft gelesen hat, über Gegenstände, die einen noch nie interessiert haben, entwenden ein, zwei, drei Stunden der kostbaren Lebenszeit, erzwingen einen heuchlerischen Antwortbrief und erzeugen die Furcht, beim nächsten Zusammentreffen mit dem verehrten Kollegen sich nicht mehr an das von ihm verehrte Werkchen zu erinnern. Gelehrte, die noch der akademischen Geselligkeit zugetan sind, riskieren, daß der Kollege zum Abendessen statt Blumen einen Sonderdruck mitbringt und damit den heiteren Abend mit dem Vorgefühl eines trüben Morgens überschattet, an dem diese Pflichtlektüre uns von anderen Pflichten und anderen Vergnügungen abhalten wird. Die christliche Maxime „Geben ist seliger als Nehmen" trifft auf keine andere Gabe so gut zu wie auf den Sonderdruck.

Es gibt Taktiken, um dem Druck des Sonderdrucks auszuweichen: Ein Dankesbrief verkündet die Vorfreude auf die bevorstehende Lektüre (zu der es dann nie kommt); oder ein eigener Sonderdruck geht sogleich dem Absender zu, begleitet von grimmigen „herzlichen Grüßen" und „besonderem Dank für den Sonderdruck", wobei man das „u" so undeutlich schreibt, daß es wie ein „e" aussehen könnte. Dann hat man Ruhe für die eigene Arbeit – deren Resultat allerdings wieder zwanzig Sonderdrucke sind.

Ferngesteuert

„Hilft das Fernsehen der Literatur?" fragt die Deutsche Akademie für Sprache und Dichtung. Die Antwort ist schwierig und gewiß 5000 Mark Preisgeld wert. Hieße die Frage: „Hilft das Fernsehen der Literaturwissenschaft?", so stünde die Antwort auf dem sicheren Fundament der Statistik. Die Zahl der Germanistikstudenten steigt überproportional, obwohl die Aussichten, daraus einen Beruf zu machen, sinken. Erkundigt man sich bei den Erstsemestern nach ihren Zukunftsplänen, so geben die meisten an: Literaturkritiker. Von auffälliger Belesenheit oder gar enthusiastischer Liebe zur Literatur wird dieser Wunsch jedoch nicht begleitet. Es erstaunt die Studenten selbst, daß der scheinbar so originelle Wunsch, künftig für die Literatur und von ihr zu leben, so massenhaft verbreitet ist. Die Wahl des Literaturstudiums hat ihr Motiv nicht in seinem Gegenstand, den Büchern, sondern in der Art, wie ihn das Fernsehen darbietet: als promptes Urteil über eine Neuerscheinung, als witziges Interview mit einem Schriftsteller, als amüsante Talk-Show der Auguren und, der Gipfel des Vergnügens, als „Literarisches Quartett". Bei all diesen Redeereignissen sind die Bücher, um die es angeblich geht, nur eine Sekunde lang zu sehen. Über dem Glück des Auftritts, dem Glanz der Rhetorik ist die Mühsal der Lektüre, die Stunden und Tage in Anspruch nimmt, glücklich vergessen. Schriftlichkeit, die erste Bedingung der nachhomerischen Literatur, erscheint als Quantité négligeable, sobald sie unter ihrer heutigen Bedingung, der visuellen Mündlichkeit, präsentiert wird.

Aus dieser verführerischen und irreführenden Performance der Literaturkritik im Fernsehen ist also der Entschluß geboren, Literaturwissenschaft zu studieren. Noch an den ersten Reaktionen auf das Studium läßt sich das Ausmaß der Verwechslung erkennen. Verblüfft erfahren die Anfänger, daß man an der Universität die Bücher lesen soll, über die gesprochen wird, und daß dies zudem alte Bücher sind, vom Nibelungenlied bis zu Hofmannsthals lyrischen Dramen – davon war im Fernsehen nie die Rede. Literarische Neuerscheinungen, auf die es doch einzig ankäme, nehmen Professoren der Germanistik selten in den Lehrplan auf, viele nehmen sie offensichtlich nicht einmal zur Kenntnis. Ebenso ernüchternd ist die akademische Maxime, auf literarische Gattungen, Traditionen und Formelemente mehr als auf die Biographie der toten Autoren zu achten, wo man doch aus den Unterhaltungen mit lebenden Dichtern im Fernsehen den Eindruck gewonnen hatte, daß literarische Werke nichts anderes seien als der Niederschlag persönlicher Erlebnisse und Meinungen. Enttäuscht von den unausrottbaren Vorurteilen einer altmodischen Disziplin, die so uneinsichtig auf Lektüre beharrt, melden sich die künftigen Literaturkritiker lieber bei Sprech- und Rhetorikkursen an (sie sind stets als erste ausgebucht). Nur hier ist zu lernen, was man später wirklich braucht. – Vielleicht hilft das Fernsehen doch nicht der Literaturwissenschaft, aber zu Studenten verhilft es ihr.

Zimmer mit Einsicht

In einem Seminar über den „Essay" hat noch keiner der dreißig Teilnehmer die Namen Adorno und Benjamin gehört. Auch die Gattung „Essay" wird – da man die Zeitungen, Zeitschriften und Bücher, in denen Essays zu finden wären, nicht liest – mit anderen Formen verwechselt. Aber man besucht ja das Seminar, um etwas zu lernen, und errötet nicht wegen der sogenannten Bildungslükken. Schließlich seien an dem Mangel an Kenntnissen über Adorno und Benjamin die Dozenten selbst schuld: Diese hätten, so replizieren die Studenten, dafür sorgen sollen, daß Seminare über Adorno und Benjamin „angeboten" werden.

In der Tat sind die Dozenten an dieser Misere schuld; nicht jedoch, weil sie es versäumt haben, Adorno und Benjamin ins Lehrprogramm aufzunehmen, sondern weil sie ihr Lehrprogramm so formulieren, daß es die Illusion hervorruft, die Absolvierung des Programms genüge für das Studium des Fachs. Bereits die systematische Klassifizierung von „Einführungskurs", „Proseminar", „Hauptseminar" mit eingeschobener „Orientierungs"- und „Zwischenprüfung" täuscht eine Folgerichtigkeit und Vollständigkeit vor, die in den Geisteswissenschaften nicht – und so schon gar nicht – zu haben ist.

Sobald die Professoren bemerken, daß trotz dieser perfekten Organisation von Seminardidaktik, Studienplänen und Prüfungsordnungen selbst noch am Ende des Studiums die Voraussetzungen fehlen, die zu seinem Beginn erforderlich gewesen wären, fallen ihnen zur Abhilfe nur weitere Perfektionierungen des Lehrprogramms ein. Je mehr aber gelehrt wird, desto weniger wird studiert. – Ehe in den siebziger Jahren die Hochschulreform durch eine pädagogische Utopie die Universität disziplinierte, ging es an ihr so unordentlich zu, daß gar nicht der Irrtum aufkommen konnte, sie allein vermittle ihren Studenten ausreichende Kenntnisse. Man mußte gerade die Bücher lesen, die nicht zur Seminarlektüre gehörten.

Heute wird der Begriff des Studiums vom Lehrbetrieb der Universitäten okkupiert und monopolisiert. Darüber ist die Einsicht verlorengegangen, daß Studieren vor allem in vorgängiger, eigenständiger (also einsamer) Lektüre bedeutender Texte besteht. Adorno und Benjamin gehören nicht in den Studienplan, sondern ins Studierzimmer. Da aber nur gilt, was im Studienplan steht, sollte dieser den Aufenthalt im Studierzimmer eigens unter den Pflichtveranstaltungen aufführen.

Klein i

Als die deutsche Universität noch im Schein humanistischer Latinität lebte, deklarierten sich Studenten der Geisteswissenschaften stolz als „stud. phil.", studiosus philosophiae, im Vorgriff auf das Ziel des „Dr. phil.". Bereits im ersten Semester gab man sich, mit Hut und Stehkragen, erwachsener und gelehrter, als man war. Heute nennen sich die Studenten „Studis", selbst wenn sie in vollem Ernst Seminare boykottieren und auf der Straße demonstrieren.

Im Gegenwartsdeutsch greift die Nachsilbe „i" um sich, um die Autorität der Großen – wie Mami und Papi – zu verkleinern und die Kleinheit – von Mausi und Spatzi – für liebenswürdig zu erklären. Wenn Bubi und Mädi studieren, dann wollen sie an der Universität so klein, schutzbedürftig und unverantwortlich bleiben, wie sie es im Nest der Familie gewesen sind. So werden sie zu „Studis", die auch an der stiefmütterlichen Alma mater gerne weiterhin Mamas Liebling wären. Als Abzeichen fortdauernder Kindlichkeit führen sie, sogar während der Lehrveranstaltungen, Colaflaschen und Joghurtbecher bei sich, um in der befremdlichen Welt der Wissenschaft sich wenigstens an der vertrauten kindlichen Nahrung erlaben zu können.

Auch wenn sie sich in Opposition zur Gesellschaft oder an ihren Rand stellen, teilen die Studis die Utopie ebendieser Gesellschaft, nämlich nie erwachsen zu werden. Nicht nur in den Ferien laufen Sechzigjährige mit Ringelsöckchen, kurzen Hosen und Mütze herum, als wären sie Sechsjährige. Wenn die Alten Kinder sein wollen, so liegen für die Jungen dieser Wunsch und vor allem die Möglichkeit, ihn zu verwirklichen, noch näher. Deshalb darf das Studium, das den Übergang von der Jugend zum Beruf des Erwachsenen fördert und fordert, nicht an sein Ende kommen. Die Regierungen, die eine Verkürzung des Studiums erzwingen wollen und damit den Zorn der Studis erregen, begreifen nicht, daß die Verzögerung aller Lebensabschnitte ein gesellschaftliches Programm ist, an dem die Studenten sich als Vorkämpfer beteiligen. Dem Hinausschieben des Studienendes, das die Kindlichkeit der Existenz bedroht, gilt ein beträchtlicher Teil des studentischen Eifers. Abgabetermine für Hausarbeiten werden von Monat zu Monat verlängert, Prüfungen von Jahr zu Jahr verschoben. Gerade an der Prüfung haftet der Schrecken der Initiation, die das Kind der Obhut der Eltern entreißt und – durch Rituale des Todes hindurch – in die Ordnung der Erwachsenen einfügt. In der Prüfung stirbt der Studi. Vielleicht könnte er sich mit diesem Schicksal leichter abfinden, wenn er aus ihr nicht als Magister oder Doktor gar, sondern als Magi und Doki wiederauferstehen würde.

Intertextuelle Bekehrung

Ein Begriff wie „Intertextualität" weckt Mißtrauen, weil er modisch ist. Doch vermag er den Blick zu öffnen von einem Text, bei dem die Kunst der Interpretation an ihr Ende gelangt ist, zu anderen Texten vor ihm, neben ihm, nach ihm, die sich in dem einen spiegeln. Zunächst wird der Skeptiker in den geheimnisvollen Korrespondenzen, wie sie die intertextuelle Lektüre aufdeckt, lediglich ein Spiel zufälliger Ähnlichkeiten sehen wollen und am Glanz vielfältiger Verweise die Strenge eindeutiger Beweise vermissen. Aber diese Vorbehalte schwinden dahin, sobald die Realität intertextueller Dialogizität zur unabweisbaren Erfahrung eigener Lektüren geworden ist. Eine solche Bekehrung verdient es, öffentlich mitgeteilt zu werden.

Der tiefere Sinn von Hölderlins rätselhaftem Vers „Ein Rätsel ist Reinentsprungenes" hat sich einer Deutung erst erschlossen, als der Deutende ihn in einem inspirierten Augenblick auf Rilkes kaum weniger rätselhaften Vers „Heil mir, daß ich Ergriffene sehe!" bezog, nachdem der Schlüsseltext für beide Verse auf der Rückseite von W. E. Süskinds Buch von 1973 *Dagegen hab' ich was* gefunden war, ein Zitat nämlich aus der Lobrede zum Dienstjubiläum eines Gefängnisdirektors: „Alle Häftlinge, die unter seiner Leitung aus Strafanstalten ausbrachen, wurden wieder gefaßt." Nun klären sich die tieferen Zusammenhänge: Für diesen begnadeten Gefängnisdirektor hielt Hölderlin seinen Vers bereit, den erschreckten Ausruf am Morgen, als der Ausbruch der Häftlinge entdeckt war; und Rilkes korrespondierender Vers sorgte für den

Jubelruf, mit dem der stolze Beamte die wieder eingefangenen Ausreißer am Abend in ihren Zellen begrüßte.

Nicht ganz bei der Sache

Um der Pflicht zur Interdisziplinarität nachzukommen und ihre Disziplin in die Riege der Kulturwissenschaften einzugliedern, befassen sich aktualitätsbewußte Musikwissenschaftler mit Texten, Philologen mit Illustrationen, Kunsthistoriker mit Literatur oder Photographie. Auf Tagungen und in Sammelbänden mit Titeln wie *Bild und Text* oder *Text und Bild* vereinigen sie sich, um zu dokumentieren, daß sie die Grenzen des je eigenen Gegenstands – Wort, Ton, Farbe – überschritten haben.

Wie notwendig eine solche interdisziplinäre Ausrichtung der Kunstwissenschaften ist, läßt sich bereits im Alltag des Kunstgenusses beobachten: Nicht wenige Konzertbesucher sind während des Konzerts in das Programmheft versunken, in dem das Musikstück beschrieben wird, das sie eben hören würden, wenn sie nicht mit der Lektüre beschäftigt wären. – Finden sich in Büchern und Zeitschriften Photos oder Illustrationen, so gilt diesen der erste und oft der einzige Blick; die mit Buchstaben bedeckten Seiten scheinen lediglich zum Umblättern eingefügt zu sein. – In Kunstausstellungen sehen die Betrachter nur kurz auf das Bild, lesen aber sorgfältig die Beschreibung auf dem beigefügten Täfelchen, und gehen dann zum nächsten Bild (genauer gesagt: zum nächsten Täfelchen) weiter. – In die Villa Valmarana bei Vicenza kommen die Besucher, um die Fresken Tiepolos anzusehen. Die Villa ist immer noch im Besitz der Grafen Valmarana, die unter den berühmtesten Bildern von Liebesszenen aus den großen Epen ihre kleinen Familienphotos aufgestellt haben. Ein großer Teil der aus fernen Ländern angereisten Besucher blickt kaum noch erhoben zu Achill, Dido, Aeneas, Armida und Rinaldo auf, sondern nur noch gebückt zu Großvater, Tante, Onkel und Enkelin Valmarana hinunter.

Kunstwerke verlangen Disziplin. Wer nicht ganz bei der Sache ist, nimmt an der Kultur teil. Nur in einer Welt der Zerstreuung konnte das Konzept der Kulturwissenschaft entstehen: „Zerstreuungen aller Disziplinen, vereinigt euch!"

Unüberholbar

Der Preis für den Fortschritt der Wissenschaften ist ihre Spezialisierung. Der Preis für die Spezialisierung ist, daß der fortschreitende Fortschritt verheißungsvolle neue Disziplinen nach einiger Zeit aus dem Zentrum des Interesses an den Rand rückt und schließlich dem Desinteresse überläßt. Aufstieg, Glück und Ende der Germanistik folgen diesem Schema. Sie geht um 1800 aus der speziellen Aufgabe hervor, deutsche Texte des Mittelalters zu edieren, und tritt zugleich mit dem allgemeinen Anspruch auf, damit die Quellen einer nationalen Tradition zu präsentieren. Als nach 1848 der entstehende deutsche Nationalstaat sich vom Traum eines altdeutschen Volksgeistes abkehrte, versuchte sich die deutsche Philologie aus ihrer nun als einschränkend empfundenen Spezialisierung zu befreien, indem sie auch die Literatur der neueren Jahrhunderte zu ihrem Gebiet rechnete. So rettete sich die Philologie in die Literaturwissenschaft.

Doch das neue Fundament, das so sicher auf die bürgerliche Bildungsidee gegründet zu sein schien, ist in den letzten Jahrzehnten erschüttert worden. Neuartige Medien haben die Literatur, zumal die vergangene, zu einem Spezialfall und die Literaturwissenschaft zu einer abgelegenen Disziplin schwer zu verstehender Spezialisten werden lassen. Den lebenden Wissenschaftlern (die von ihrer Wissenschaft leben wollen) muß diese Perspektive bedrohlich erscheinen: Vielleicht werden sie bald nicht mehr gebraucht, auf keinen Fall in großer Zahl.

Die Marginalisierung der Germanistik ist von dem steten Versuch begleitet, ihre Fachgrenzen aufzuheben und sich in eine noch nicht bedrohte Allgemeinheit zu flüchten. Deshalb stellte sich das Fach nacheinander als Sprachwissenschaft, als Gesellschaftswissenschaft, als Medienwissenschaft vor, um am Ende zu erfahren, daß in dem erhofften Asyl die angestammten Einwohner – Linguisten, Soziologen, Fernsehpraktiker – bereits die besten Plätze eingenommen hatten. Aus dieser alten und neuen Not ist die aktuelle Idee geboren, Germanistik solle als „Kulturwissenschaft" auftreten. Interdisziplinäre Kolloquien erklären sie zum Programm, Sammelbände werben mit „Kultur" im Titel (auch wenn sie nur das angestammte Geschäft der Literaturhistorie weiterführen), Institute und Professuren lassen sich von „germanistisch" in

„kulturwissenschaftlich" umtaufen. Es ist, als wollte man sich bei einsetzendem Tauwetter von einer treibenden Eisscholle auf die nächstgrößere retten. Die Vagheit des Begriffs „Kultur", die Unklarheit, was „Kulturwissenschaft" sei, kommt dem Elend der Germanistik gerade gelegen, denn so kann ihr Wunsch, eine Kulturwissenschaft zu sein, nicht abgewiesen werden. Wo es keine Definition gibt, kann es auch keine Negation geben. Dem Unbestimmten, ja Unbestimmbaren eignet die größte Allgemeinheit. Wer sich in ihr aufhält, braucht nicht mehr zu fürchten, von der Wissenschaftsgeschichte überholt zu werden. Um sich endgültig vor seinem Ende zu bewahren, entscheidet sich dieses listige Fach lieber für die Leere als für die Tragik.

Bach-na-Fahrt

Anders als der rheinische Karneval, der so laut und grell, so populär und zeitbezogen ist, daß man ihn für nicht älter als das Fernsehen halten möchte, in dem er seinen großen Auftritt hat, erfreut sich die alemannische Fasnet des Wohlwollens der Gebildeten. Sie gilt als echter, weil sie ins katholische Mittelalter, sogar in die heidnische Vorzeit zurückreicht und sich ihre lokalen Eigenheiten über Jahrhunderte hinweg erhalten haben. Zu diesem malerischen Brauchtum gehört die „Bach-na-Fahrt" in der Schwarzwälder Kleinstadt Schramberg. Phantasievoll gebastelte Ungetüme, die alles sein dürfen, nur keine Boote, fahren mit ihrem Steuermann, der zugleich ihr Erbauer ist, einen kleinen, wilden Fluß hinab, einzig zu dem Zweck, binnen kurzem zu kentern. Die Zuschauer mögen, über das Gaudium hinaus, an solchem exemplarischen Scheitern, am Umschlag von Euphorie in Katastrophe und schließlich, wenn der Schiffbrüchige naß und doch zufrieden sein gestrandetes Gefährt aufgibt, an dieser fröhlichen Resignation ein Sinnbild ihrer eigenen Lebenspläne erkennen.

Der kulturwissenschaftliche Blick wird freilich noch ältere Bedeutungsgeschichten an diesem Faschingsvergnügen freilegen: „die Schiffahrtsmetapher", wie sie Ernst Robert Curtius von Vergil bis Spenser verfolgt hat; die ernste Ikonologie des Staatsschiffs und seine karnevalistische Kontrafaktur, die Bachtin darin gesehen hätte; das Narrenschiff, dessen grausamen Zweck Foucault wiederentdeckte; den Schiffbruch mit Zuschauer, wie ihn

Blumenberg als „Paradigma einer Daseinsmetapher" interpretiert hat.

In die Poesie der Frühzeit, zu uralten Mythen, zu fremdartigen Einrichtungen und Denkweisen führt die Bach-na-Fahrt zurück, denen sie selbst zu entstammen scheint. Aber eben nur scheint; denn sie ist noch keine sechzig Jahre alt, also nur um ein weniges älter als die Bücher von Curtius, Bachtin, Foucault und Blumenberg, und um Jahrhunderte, wenn nicht Jahrtausende jünger als die Bilder, Texte und Redensarten, deren Tradition jene Bücher rekonstruieren und deren Sinnpotential sie entschlüsseln. Als die Schramberger in den dreißiger Jahren ihren Spaß erfanden, vielleicht nach dem Vorbild von Kindern, die mit dem Wäschezuber auf dem Bach fuhren, werden sie von solchen mythischen Überlieferungen und poetischen Bedeutungen nichts gewußt haben.

Unsere Interpretationen sind immer reicher als die schlichten Sachverhalte, denen sie gelten. Keine Kultur besitzt eine derart semantische Dichte wie ihre kulturwissenschaftliche Analyse. *Sie* repräsentiert die Kultur, die eigentlich hätte sein sollen. Dagegen ist die wirklich gelebte Kultur zerstreut und gedankenlos, vergeßlich und scherzhaft – und eben deshalb wirklich gelebt.

Wolfgang Kemp

Wo Rudi Rüssel einen Lehrstuhl hat

Ein Besuch beim Titelhandel

Vor einem runden Jahrzehnt beantragte ein gewisser Eric Vieth bei der International Accrediting Commission (IAC) die Zulassung des von ihm gegründeten Eastern Missouri Business College in St. Louis, Missouri. Die IAC hatte bis zu diesem Zeitpunkt 130 Universitäten und Colleges die Akkreditierung erteilt; sie war also die richtige Adresse, um für eine neue Hochschule die nötigen Stempel zu besorgen. Vieth bewarb sich mit einem kompletten Dossier, das die üblichen Informationen enthielt, darunter eine Beschreibung der Studiengänge, die in zahlreichen Disziplinen, angefangen bei der Weltraumforschung und nicht aufhörend bei der Meeresbiologie, bis zum Doktorgrad führen sollten. Der Lehrkörper umfaßte bekannte Figuren wie Arnold Ziffel, Edward J. Haskell, M. Howard, Jerome Howard und Lawrence Fine. Auch ein Siegel hatte Vieth vorbereitet. Es führte den Leitspruch „Solum Pro Avibus Est Educatio", während das Motto der jungen Alma Mater lauten sollte: „Latrocinia et Raptus". Der Direktor der IAC machte sich persönlich auf den Weg nach St. Louis, schaute sich in Vieths Ein-Raum-Büro längere Zeit um, nahm einen Zahlungsscheck entgegen und überreichte dem College die Akkreditierung. Vieth seinerseits überreichte dem Chef-Akkreditierer eine Anzeige wegen Betrugs.

Vieth arbeitete nämlich als Assistant Attorney für den Generalstaatsanwalt von Missouri. Und weil wir bei den Enthüllungen sind: Arnold Ziffel ist der Name des Schweines in der Fernsehserie *Green Acres*, zu seiner Zeit so bekannt wie heute das Rennschwein Rudi Rüssel; Eddie Haskell findet man als Hauptfigur in *Leave it to the Beaver* wieder, und die anderen drei Fakultätsmitglieder sind in den USA als *The Three Stooges*, „Die drei Clowns", bekannt. Die Leitsprüche übersetzen sich in diesem Fall als *Education is for the Birds* – „Bildung ist für die Katz" sowie „Diebstahl und Räuberei".

Wir verdanken diese Geschichte John Bear, der es sich neben

dem ebenso kritischen und unerschrockenen „watchdog" Steve Levikoff in den USA zur Aufgabe gemacht hat, dem Gewerbe der „Schein"-Universitäten oder Diploma Mills sowie deren Akkreditierungsorganen das Handwerk zu legen.[1] Das Perfide – oder soll man sagen Pfiffige? – an der ganzen Geschichte ist ja, daß die Schwindelunternehmen mit einem ebenso dubiosen System kooperieren, das ihnen die nötige Legitimation verschaffen soll. Beobachter dieser ganz speziellen Szene der „Crediting Mills" listen 60 solche Kommissionen oder Instanzen auf, von denen die IAC nur die erfolgreichste ist. Die Abzocker werden selbst abgezockt – Gott ist auf vielfach unvorhersehbare Weise gerecht –, nur wer ganz geschickt ist, macht die Sache mit sich selbst aus: So findet man die American Educational Accrediting Association of Christian Schools unter derselben Adresse, die auch für das florierende Bethany College gilt, welches wiederum bei welcher Instanz wohl akkreditiert ist?

Wer sich in der Auseinandersetzung mit diesen Instituten die Finger verbrennen will, kann es ja mal mit zwei deutschen Adressen versuchen: der West European Accrediting Society, die von einer Postanschrift in Liederbach aus operiert, und mit APICS, der Association for Promotion of International Cultural and Scientific Exchange, einem kuriosen Bildungskonglomerat, das international operiert und in Deutschland seine Basis in der „Westdeutschen Akademie e.V." im schönen Mülheim an der Ruhr hat. Nur um die Suche zu verkürzen: Der Präsident von APICS bekleidet dieselbe Funktion bei der American International University (früher: American University of Suriname), die ihr deutsches Büro in Haiger mit einem gerichtlich anerkannten Titelhändler teilt. Aber das kann reiner Zufall sein.

Nachhaltigen Erfolg haben die Bemühungen der Aufklärer und Warner nicht, wie der Verfasser von *Bear's Guide to Earning Degrees Nontraditionally* selbst als erster einräumt. Die Geschichte der IAC liefert einen schlagenden Beweis. Kaum war sie in Missouri verboten, eröffnete in Beebee, Arkansas, eine Accrediting Commission International (ACI), welche bis zum heutigen Tag unbehelligt mehr als 175 Hochschulen akkreditiert hat. Der Leiter, der beim vorletzten Besuch seiner Website noch hinter einem Schreibtisch saß, auf den einzig die amerikanische Redewendung „wide as a country road mile" paßt, begrüßt einen jetzt in Gestalt seines Ölporträts. Obwohl er eher ausschaut wie der Mann, der vor Spielen des lokalen Footballteams den Rasen mäht, ist dieser Dr. Scheel ein strenger Kommissar. „Quality Non-Governmental Accreditation" heißt für ihn, daß er darauf besteht, die Bewerber vor Ort selbst in Augenschein zu nehmen – auf dem Postweg ließe sich das nicht erledigen, schreibt er. In der Hinsicht macht er sich mehr Mühe als zum Beispiel sein Kollege bei der American Accrediting Association of Theological Institutions in Rocky Mount, North Carolina. Deren Präsident Cecil Johnson (D. D., D. R. E., Lit. D., Th. D., Ph. D. – nein, nicht F. O. P.!) möchte täglich zwischen 10 und 12 Uhr angerufen werden, wenn es um die Akkreditierung einer Hochschule geht. Er zieht es vor, diese Dinge von Person zu Person zu regeln. Schreiben mag er nicht. Das Ganze kostet dann auch nur 100 Dollar beim ersten Mal und 75 Dollar pro jährliche Verlängerung.

Auf der anderen Seite will Dr. Scheels ACI auch niemandem den Mut nehmen. Die Frage: „Ist die Größe der Hochschule ein Zulassungskriterium?" beantwortet er mit einem klaren Nein. Auch Harvard und Princeton hätten einmal klein angefangen, wogegen nur schwer etwas zu sagen ist. (Mit einem noch stärkeren Argument wartet das Canyonview Bible College in Silverton, Oregon, auf: Jesus und seine zwölf Apostel hätten auch nichts auf akademische Auszeichnungen gegeben, wohl wahr, und aus diesem apostolischen Geist heraus muß man wohl die Tatsache verstehen, daß die Hälfte seiner Fakultät aus acht Dozenten ihre Credits beim Canyonview College selbst erworben hat.)

Die nächste Frage: „Ob die Akkreditierungsinstanz auf einer Bibliothek bestehe", wird eher pragmatisch entschieden: Es reiche, wenn eine gutbestückte Universitäts- oder Stadtbibliothek um die Ecke liege. Derart „proaktives" Denken bildet dann die Voraussetzung, daß die Mitgliedshochschulen der ACI deren Leitsatz verwirklichen können, welcher da lautet: „Bloom where they are planted" – also auch im Vorgarten. John Bear hat einmal der Open University of America in Maryland einen Besuch abgestattet: Er fand unter ihrer Adresse ein schmuckes Eigenheim in Suburbia, und im Keller saß die Großmutter, tütete Informationsmaterial ein und verbuchte die Schecks.

Das mit dem Blühen also geht schon in Ordnung. Der Umsatz der ca. 300 US-amerikanischen Diploma Mills wird auf jährlich

200 Millionen Dollar geschätzt – die Unkosten: ein Raum im Souterrain oder eine blockierte Garage, Druckkosten, Porto- und Anzeigengebühren etc. fallen dagegen nicht so sehr ins Gewicht. Natürlich gibt es unter diesen Hochschulen auch welche, die einen kleinen Campus aufweisen, sagen wir: ein ganzes Haus, und ein paar Dozenten und Studenten haben. Und dann eben die Stadtbibliothek benutzen oder, was sehr beliebt ist, das Unterrichtsmaterial anderer Universitäten recyclen. Aber in jedem Falle müssen die Blumen es ertragen, daß sie öfter umgetopft werden. Die Titelhändler, die tagtäglich in allen großen amerikanischen Zeitungen und in vielen Fachblättern inserieren, sind ein fahrendes Gewerbe. Sie profitieren von der Tatsache, daß Bildung Ländersache ist – in den USA wie bei uns, wie in vielen Staaten weltweit. So wie früher Hausierer durch Zinken am Türrahmen und durch Mundpropaganda mitteilten, wo es was zu holen gab, so spricht sich in Titelhändlerkreisen schnell herum, wo gerade Blütezeit ist. Man muß nur beweglich sein. Wir wollen das am Fall von James Kirk erläutern.

James Kirk machte in den 70er Jahren erst bei der Universität of San Gabriel Valley mit, dann eröffnete er seine eigene Hochschule, Southland University genannt, die aber nicht den Mindestanforderungen des kalifornischen Hochschulwesens (zwei Räume?) genügte, also zog er mit ihr nach Missouri um, wo sie als LaSalle Universität firmierte. Als ein Polizeibesuch ins Haus stand, siedelte er nach Louisiana über, wo er sich längere Zeit ungestört betätigen durfte. Louisiana war bis vor kurzem im Verein mit Arizona das Paradies für Titelhändler; im Moment sind es eher South Dakota und Hawaii. In Hawaii nahmen in den 90er Jahren mehr als 100 Hochschulen die Arbeit auf; jetzt allerdings hat der Staat die Schraube angezogen. Das Gesetz verlangt nun pro Hochschule eine in Hawaii beschäftigte Vollzeitarbeitskraft und eine Mindestzahl von 25 in Hawaii selbst gemeldeten Studenten. Aber zurück zu Kirk, der übrigens nicht identisch ist mit der gleichnamigen Figur in Star Trek. Überhaupt: Namen und Titelhändler! Die Accrediting Commission for Specialised Colleges residiert in Gas City, Indiana! Die University of St. Moritz, die im letzten Jahr so viele „Instant Degrees" verkaufte, daß sie zu den besten Kunden von Western Union gehörte, war in Kreta akkreditiert: Der Empfänger all der schönen Geldüberweisungen war ein gewisser Herr Chrysostomos, was ja wohl Goldmund heißt und damit knapp an der Sache vorbeigeht. Goldfinger hielten wir für angebrachter. Aber wir waren bei Kirk. Als die Behörden von Louisiana endlich auf ihn aufmerksam wurden, stellten sie ein im Titelhandel erworbenes Vermögen von 45 Millionen Dollar sicher. Kirk wanderte für fünf Jahre ins Gefängnis. Kurze Zeit später eröffnete in Honolulu die Edison University ihre Pforten, genauer den Schlitz eines Postfaches – aus mehr bestand sie nicht. Das Material war identisch mit dem von der LaSalle Universität verbreiteten. Auch die für die Zulassungen zuständige Registratorin hatte man praktischerweise von dort übernommen. Ihr wiederum sprechender Name war Natalie Handy, die Frau von James Kirk. Die Post der Edison University wurde übrigens in Beaumont, Texas, abgestempelt, wo – man ahnt es längst – Kirk einsaß.

Das Internet hat dem Titelhandel einen enormen Aufschwung und zusätzliche Rechtssicherheit beschert, da die Anbieter nun noch schwerer zu orten sind. Allerdings scheint mit dem Boom auch ein Werteverfall einherzugehen. Im Net annonciert zum Beispiel eine Agentur ihre einschlägigen Dienste in der Umgebung folgender Konkurrenzangebote: ... tiersex, titel, titelhandel, tits, titten – und dann kommt ein Wort, das wiederzugeben ich nicht akkreditiert bin. Ein anderer Titelhändler warnt im Internet vor Abzockern in seinem Gewerbe und bietet selbst interessante Doktorgrade für ganze 250 Dollar an. Den „Doctor of Spiritual Healing" kann man so erwerben, aber auch den „Doctor of Economics". Sehr gut gefiel mir der „Doctor of Metaphysics". Eine schöne Geschenkidee, vielleicht nicht für Jacques Derrida, aber doch für Leute, die schon alles haben, die sozusagen schon über alles Physische hinaus sind.

Wie gesagt: 250 Dollar. Ausgestellt werden die Urkunden von „US-Amerikanischen Kirchen". Das obere Ende der Preisskala liegt bei etwa 300 000 DM, was einen nicht erschrecken sollte. Ein Studium kostet bis zur Promotion gut und gerne 200 000 DM. Rechnet man hinzu, daß man in seinem Leben rund zehn Jahre weniger Höchstgehalt einstreicht, dann sind 300 000 DM ein Deal. Für einen solchen Preis bekommt man auch seine eigene Doktorarbeit und die Urkunde einer Hochschule, die aus mehr als einem Büroraum besteht. Und damit müssen wir über das sprechen, was den internationalen und vor allem den US-amerikanischen Titelhandel von seinem deutschen Gegenpart unterscheidet. Anderswo macht man sich immerhin die Mühe, eine eigene Hochschule zu gründen – und sei es nur eine, die aus einer Briefadresse besteht. In Deutschland sind Titelhändler, auch Promotionsberater genannt, Parasiten und Schleuser. Sie benutzen das bereits bestehende Universitätssystem, und sie sorgen dafür, daß ihre Kunden ohne Studium und ohne Arbeit zum Titel einer staatlich und international anerkannten Hochschule gelangen.

Merkwürdig ist allerdings, daß die den Grad verleihenden Universitäten so gut wie nie Oxford oder Padua oder Tübingen heißen, sondern in Orten und Gegenden angesiedelt sind, die unsere geographischen Kenntnisse stark strapazieren, deren Kenntnis also bereits einen Bildungsfaktor an sich darstellt. Mir liegt die Liste der bei einem deutschen Titelhändler (mit „Full-Service-Dienstleistung" für 49 900 DM) beschlagnahmten Dissertationen vor, die zu 80 Prozent bei den Universitäten Ostrava und Stefan cel Mare in Suceava eingereicht wurden bzw. eingereicht werden sollten. Suceava ist eine Stadt in Rumänien, genauer in der Bukowina, und vielleicht reicht es zu ihrer Beschreibung, wenn wir einfach eine offizielle Website des Ortes zitieren, die lakonisch feststellt: „There is no life camera in Suceavu." Ostrava hieß früher Mährisch-Ostrau bzw. Schlesisch-Ostrau. Als alles österreichisch war. Oder polnisch. Damals hießen die mit „Mährisch" beginnenden Orte auch Mährisch-Selbstmord. Doch sind diese Zeiten längst vergangen. Ich finde es deswegen etwas übertrieben, wenn diese Universität erklärt, eines ihrer Hauptziele sei „the humanization" der Region Ostrava – so wild hatten wir uns, ehrlich gesagt, diese Breiten gar nicht vorgestellt.

Als wir den Hinweisen der deutschen Polizei auf diese Adresse nachgingen, stießen wir zuerst auf die 1991 in Ostrava gegründete Universität Ostrava, die sich ihrer engen Beziehung zur Northwest Louisiana University rühmt, was uns in die Thematik einzustimmen schien, und die weiterhin, wenn wir ihre Selbstbeschreibung richtig verstehen, um ihren ganzen Stolz, um ein „Institute for Fuzzy Logic", herumgebaut ist. Wer denkt bei Fuzzy nicht an die zausige Haarfrisur des späten Andy Warhol, dessen Vorfahren schließlich aus dieser Gegend stammten? Warum also nicht gleich: „The Warhol Institute for Fuzzy Logic", kurz WIFFEL? Dann erfuhren wir, daß Warhol, née Warhola, aus dem nahen Grenzgebiet der heutigen Slowakei stammt – das läßt sich dann wirklich nur mit Fuzzy Logic machen. Und dann wurden wir auch noch darauf aufmerksam gemacht, daß es die Technische Universität in Ostrava ist, die den schwunghaften Titelhandel bedient und im Nebenberuf Bundesbürgern – kurioserweise sind es immer Männer – zu einem schönen Schmuck ihrer Ego-Walls verhilft. „Die Einführung von Qualitäts- und Umweltmanagementsystemen in Dienstleistungsunternehmen unter Berücksichtigung der ökologischen Kompatibilität", „Standortanalyse für Consultingunternehmen in der BRD unter Berücksichtigung der direkten Kundennähe" – das sind durchaus Forschungen, auf deren Ergebnisse die Wirtschaftswissenschaften gewartet haben! Lieber hätten wir aber noch von Dissertationen in Fuzzy Logic erfahren.

Immerhin schien in dieses Anwendungsgebiet die Tatsache zu fallen, daß die Universität von Suceavu anders als ihre Kollegin in Ostrava gar kein Department oder Institut für Volks- oder Betriebswirtschaftslehre ausweist, obwohl dort Doktorarbeiten zum Beispiel über „Unternehmensethik im Finanzdienstleistungssektor" angenommen werden. Die Frage, wo wohl an besagter Hochschule dieses florierende Profit-Center, dieses Powerhouse des internationalen Wissenschaftsbetriebs angesiedelt ist, konnte leider auch das Rektorat nicht beantworten – es antwortete gar nicht, obwohl es an dieser Hochschule extra ein Department für „Letters" gibt. Bis auf weiteres darf vielleicht die Vermutung gelten, daß diese Arbeiten unter Umgehung der Fakultäten dort eingereicht wurden, wo man von Ökonomie am meisten versteht: bei der Universitätskasse. Es ist in der Tat so, daß diese Aushilfe in Sachen Titelvergabe vor einem ernsten Hintergrund erfolgt. Viele osteuropäische Universitäten leisten, soweit es die Möglichkeiten gestatten, hervorragende Arbeit in Ausbildung und Forschung, sind aber gezwungen, auf der Suche nach Drittmitteln eine gewisse Kreativität an den Tag zu legen.

Der Titelhandel ist eine faszinierende Welt. Allein die Post, die man erhält, wenn man die Kreise dieser Leute stört, ist die Mühe, vielleicht sogar die Rechtsanwaltskosten wert. Warum noch kein Romanschriftsteller diese Szene genutzt hat, versteht man nicht. Die Chuzpe, die Unverfrorenheit, die an den Tag gelegt wird, wenn es darum geht, jemand anderem einen höheren Grad an Wissen, Intelligenz und Bildung zu bescheinigen, ist schlicht und einfach phänomenal. Ich kann also die Leidenschaft derer gut nachvollziehen, die in diesem Dschungel jagen. Die moralische Mission allerdings, die sie beanspruchen, halte ich für übertrieben, wenn nicht verfehlt. Es ist schwer einzusehen, warum man Personalchefs, Einstellungskommissionen und ganzen Behörden, die nichts anderes tun, als die Qualität und Echtheit von Berufsqualifikationen zu prüfen, die Arbeit abnehmen soll. Und was die sogenannten Opfer angeht: Heute darf man noch lauter über sie lachen. In diesen Tagen ging die Nachricht durch die Presse, daß sich in Silicon Valley eine Firma namens InfoLink Screening Services etabliert hat, die Personalchefs ihre Dienste bei der Überprüfung von Bewerbungsunterlagen anbietet. Nichts Ungewöhnliches, wird man sagen, aber man muß den Hintergrund kennen. In Silicon Valley galt und gilt ein absolviertes Studium für eher nachteilig, ein Doktortitel gar als Berufshindernis. So sahen sich immer mehr Bewerber genötigt, ihre Berufskarriere auf nichtakademisch umzufrisieren ...

Wenn ich einen Dr. empt. (Vorschlag eines Bekannten, siehe emere, emptus) erwerben wollte, ich würde mich an ein seit langem in Deutschland eingeführtes „Institut" halten, das „wissenschaftliche Beratung zur Erlangung des Doktortitels" anbietet („kein Titelhandel", versteht sich). Es nennt in seinem Leistungskatalog außer Recherchen, Vermittlung eines Doktorvaters usw. die Tatsache, daß es über eine Präsenzbibliothek mit 120 000 Dissertationen verfügt. Nun wäre ein Schelm, der hierbei Böses denkt. Gut, an echten Universitäten ist es vorgekommen, sogar gerichtsnotorisch, daß nicht jede Dissertation vor Annahme gelesen wurde. Da war doch dieser Fall einer Bonner Dissertation, die nachweislich zu 95 Prozent aus zwei Texten abgekupfert worden war. Zwei Texte gegen 120 000 Dissertationen – man sieht gleich, wir sprechen hier von ganz anderen Dimensionen. Wenn es stimmt, daß eine Bibliothek das Mittel eines Buches ist, um ein neues Buch zu zeugen, dann ist dieses Institut der Ort, wo ein solcher Prozeß in vitro studiert werden kann. Aber es kommt noch besser: Der hilfreichen Einrichtung ist auch ein Antiquariat angeschlossen, das „historische Dissertationen" verkauft – Lagerbestand 45 000. Würde es einem doch nur einmal gestattet, die internen Arbeitsvorgänge in dieser Institution zu verfolgen, den geschlossenen Wirtschaftskreislauf der Dissertation in all seinen

Schleifen und Kehren nachzuvollziehen, ich kann mir nicht helfen, selbst wenn das länger als eine Woche dauert, es würde unweigerlich zu einem neuen Doktorgrad führen, etwa mit der Arbeit: „Runderneuerung bei Dissertationen unter Berücksichtigung der ökologischen Kompatibilität."

Ottmar Ette

Über hergestellte Dummheit und inszenierte Intelligenz

Wer das liest ist doof

Mit der Dummheit ist es so eine Sache: Manche haben sie, andere wieder nicht. Zumindest könnte man dies glauben. Gerade letztere, die sich nicht in ihrem Besitze wissen (oder wähnen), sie aber auch nicht unbedingt herbeisehnen, haben selten Mühe, Dummheit und Intelligenz für zwei miteinander unvereinbare, sich fremd gegenüberstehende Pole zu halten. Wen kümmert's, daß sich beide innerhalb desselben semantischen Feldes anordnen? Denn diese bedeutsame Gemeinsamkeit, die Dummheit und Intelligenz miteinander teilen, gerät aus dem Blickfeld angesichts des Grabens, der zwischen beiden so tief gezogen wurde, daß sich die Intelligenten vor den Dummen in Sicherheit fühlen (dürfen). Oder die Dummen vor den Intelligenten? Gewiß nicht weniger. So haben wir es hier schon mit einer ersten intelligenten Strategie der Verdummung zu tun: jener arbiträrer Grenzziehungen zwischen Dummheit und Intelligenz.

Unter dem Stichwort „Dummheit" finden wir im *Brockhaus* die Erläuterung des Begriffs als allgemeinsprachliche Bezeichnung „für Mangel an Intelligenz, geringe Begabung, herabgesetzte kognitive Fähigkeiten und Leistungen"; im eigentlichen Sinne stehe der Begriff „für das (teilweise) Unvermögen oder geminderte Vermögen, logisch zu denken und zu handeln".[1] Dieser Definition fügt *Meyers Enzyklopädisches Lexikon* die Bemerkung hinzu: „die Einschätzung als dumm ist meist verbunden mit einer moralischen Abwertung".[2] Dummheit erscheine demgemäß „überwiegend als leichtes Abweichen von der Norm intelligenten Verhaltens".[3] Dem intelligenten Leser der Enzyklopädie wird damit Normalität zugesichert. Ein Glück: Die Dummen bilden die Ausnahme, die Welt (wie die Enzyklopädie – und nicht nur jene des Jorge Luis Borges) ist fest in der Hand der Intelligenten. Wie gut geht es doch einer Gemeinschaft (und sei es nur jene der Enzyklopädie-Leser), die sich selbst als intelligent fühlen darf. Sie tut dies spätestens seit der zweiten Hälfte des 18. Jahrhunderts, als es in der berühmten *Encyclopédie* unter dem Stichwort „imbécille" hieß: „meint jenen, der nicht die Fähigkeit besitzt, verschiedene Ideen voneinander zu scheiden, sie miteinander zu vergleichen, sie zusammenzusetzen, auszuweiten oder zu abstrahieren (,d'en faire abstraction')".[4] Dieses Räsonnement führt nicht nur auf der Inhalts-, sondern auch auf der Ausdrucksebene vor, daß Autor und Leser des Enzyklopädieartikels zu den Intelligenten zählen, die Ideen zu differenzieren, sie in der Abstraktion zu begreifen, vielleicht aber auch einmal von ihnen zu abstrahieren wissen. Verlassen wir – zumindest vorübergehend – die wohltemperierte Gemeinschaft der Enzyklopädieleserinnen und -leser mit der Bemerkung, daß sie eine Gruppe zu bilden scheinen, die strikt jener entgegengesetzt ist, die in frühen Kindheitstagen den damals noch nicht aufgesprühten, sondern etwas hilflos mit einer aus der Schule stibitzten Kreide auf Wände aufgemalten und oft mit unsicherer Rechtschreibung ausgeführten Spruch lesen mußte: „Wer das liest, ist doof!"

Der Kannibalismus des Lesens

Wir halten fest: Schreiben kann dazu dienen, eine Gemeinschaft von Intelligenten oder eine Gemeinschaft von Dummen herzustellen. Meistens wird beides zugleich erreicht. Ganz so dumm, wie diese Erkenntnis scheinen mag, ist sie nicht. Doch läßt sie sich noch weiter treiben. Denn zumeist wurden (oder werden) die beiden „o"s des erwähnten Sinnspruchs mit einigen wenigen Kreidestrichen so verziert, daß daraus eine Brille mit runden Gläsern entsteht. War dies nun objekt- oder subjektbezogen, war damit der (Re-)Produzent oder der Rezipient des Satzes gemeint? Signalisierte dies, daß der kleine Schreiberling der Vertreter (oder gar Träger) der Brille war, die nach allen Umfragen (laut Auskunft der Optiker) noch immer Intelligenz konnotiert,[5] oder aber daß die Brillenträger, die sich zum Lesen dieses Satzes zu allem Überfluß noch eines Hilfsmittels bedienen müssen, mit jener Gruppe der „Doofen" assoziiert werden, gleichsam als Strafe für ihre Unfähigkeit, die Dinge direkt zu erkennen? Immerhin: Goyas lesender Esel hat längst moderne Brillengläser aufgesetzt bekommen. Wir befinden uns hier an einer Stelle der Unentscheidbarkeit, einer Unbestimmtheitsstelle, die wir tunlichst noch nicht füllen sollten. Feststellen dürfen wir gleichwohl, daß das Schreiben die anderen für dumm erklären kann und daß das Lesen nicht unbedingt immer klüger macht. Es sei denn, es erlaubt uns die Erkenntnis unserer eigenen Dummheit. Dann wäre der anonyme, von immer anderen Generationen von Schulmädchen und Schulbuben an die Wand gemalte Satz[6] ein Menetekel, das uns unheilverkündend daran erinnert, wie begrenzt jene Intelligenz ist, die wir durch Lesen zu erwerben imstande sind. Ja, mehr noch: Die Anlage des Satzes „Wer das liest, ist doof" verweist auf die Fähigkeit der Schrift und des Schreibens, semantische Fallen aufzubauen, in denen sich die Leser ausweglos verfangen. Scheinbar harmlose Sätze können sich als semantische Spinnengewebe erweisen, die keinen individuellen Urheber, wohl aber individualisierbare Opfer (und zwar dumme wie intelligente) kennen. Der von Leser oder Leserin zunächst naiv (also der impliziten Aufforderung schlicht Folge leistend) angeeignete Satz wendet sich mit seiner Definition gegen Leser oder Leserin selbst, indem sich das erste Wort des Satzes am Ende konkretisiert und individualisiert. Der Satz hat die Züge der LeserIn angenommen; und gerade darum nimmt am Ende die LeserIn die Züge des Satzes an. Diese semantische Schleife – eine Art Schleife der Bedeutung – führt eine weitere Strategie der Verdummung vor: die mit dem Ziel einer unbedachten Aneignung einer (fremden) Aussage, eines Gedankens, einer Überzeugung durch die Leser. Sätze funktionieren nicht wie Mausefallen – sie schlagen (zumindest zunächst) niemanden tot. Ihre Wirkung ist intelligenter. Die Leser nehmen gleichsam kannibalistisch einen Gedanken in sich auf, verleiben ihn sich ein, um dann immer weniger erstaunt festzustellen, daß sie ihn selbst „verkörpern". So hat das Wörtchen „doof" tatsächlich nicht nur eine Brille, sondern auch ein Gesicht bekommen.

Paradoxerweise verschiebt der Satz „Wer das liest, ist doof" zugleich die Grenzen zwischen Dummheit und Intelligenz. Denn dumm sind nicht etwa jene LeserInnen, die das Nachfolgende nicht lesen können, also der in der Schule erworbenen Fähigkeit des Lesens nicht mächtig sind, sondern gerade jene, die über diese Schulbildung verfügen. Im Gegensatz zu den (post)modernen Graffiti der Buchstabensimulacra ist eine Alphabetisierung Voraussetzung für Rezeption wie Produktion dieses Zeichens an der

Wand. Wir könnten diesen Gedanken zuspitzen und behaupten, daß Dummheit geradezu Intelligenz voraussetzt, bildet doch eine keineswegs herabgesetzte kognitive Fähigkeit und Leistung die Grundlage dafür, der eigenen Dummheit innezuwerden, sie paradox als einen Mangel an Intelligenz zu begreifen. Diese Erkenntnis der eigenen Dummheit wird jedoch im Umkehrschluß zu einem Zeichen der Intelligenz, mehr noch: Gegen die Strategie der Verdummung setzt sich eine Strategie der Entblödung in Bewegung, die Intelligenz inszeniert. Als Strategie der Ent-dummung geht sie gegen die Ver-dummung taktisch so vor, daß sie sich Dummheit einverleibt, um ihrer habhaft zu werden. Sie bleibt aber nicht bei diesem kannibalistischen Akt stehen. Denn hier erst geht die Taktik in eine Strategie über, indem die aus der Intelligenz geborene Dummheit über den Zustand einer Dummheit der Intelligenz zu einer Intelligenz geführt wird, die aus der Dummheit entsteht. Daraus ergeben sich zumindest zwei Schlußfolgerungen für uns. Erstens: Dummheit und Intelligenz gehören zusammen. Zweitens: Jede Verdummung enthält als Möglichkeit eine Strategie der Entdummung. Und wir erahnen ein Drittes: Jede Strategie der Entdummung beinhaltet ihre eigene Strategie der Verdummung. Mir scheint, aus Goyas *Capricho* „Ni más ni menos"[7] ließe sich dieselbe dreifache Lehre, verbunden mit der Selbstdarstellung des Malers und damit der Selbstbezüglichkeit dieser Erkenntnis, ziehen. Fürwahr: Mit der Dummheit ist es so eine Sache. Dummheit hängt nicht von der Größe der Eselsohren ab.

Wo Dummheit ist, muß Intelligenz werden

Im Verhältnis zwischen Dummheit und Intelligenz kann die Abweichung von der Norm in zweierlei Hinsicht bestimmt werden. Dummheit kann als negative, Intelligenz aber auch als positive Abweichung erscheinen. Das Problem bei derartigen Vorstellungen von Abweichung ist simpel: In jedem Falle sind die Dummen die Dummen. Das aber wäre eine Tautologie und damit – folgen wir Roland Barthes – nicht weniger dumm als die Formel weder – noch des „ni … ni" etwa in Goyas erwähntem *Capricho*. Grund genug, angesichts derartiger Eseleien einen Prozeß der Entdummung in Gang zu setzen.

In einem vor kurzem erschienenen Essay ist Heinz Schlaffer

den Gründen für seine zutreffende Beobachtung nachgegangen, daß mittlerweile Roland Barthes' „Schriften – die wissenschaftlichen wie die literarischen – als klassisch" gelten und die Texte von dem auf ihren Autor gefallenen Verdacht freigesprochen werden, „wendig den Moden seiner Zeit zu folgen".[8] Für den Rang, so Schlaffer, „der Barthes zukommt, kann nicht den Ausschlag geben, ob er sich bestimmten, vor allem heute siegreichen Tendenzen zuordnen läßt". Daraus folgert der Verfasser dieses Essays über „Roland Barthes' Intelligenz":

Rechtmäßige Voraussetzung für die fortdauernde Beschäftigung mit seinen Gedanken ist ihre außergewöhnliche Intelligenz. Ihre Stärke zeigt sich daran, daß sie selbst den widerstrebenden Leser zu befremdlichen neuen Einsichten in bislang vertraute Erscheinungen des Alltags und oft erprobte Wirkungen der Kunst bewegt. Läßt sich diese Intelligenz beschreiben, gar begründen?[9]

In der Folge hat Schlaffer den Versuch unternommen, diese Frage mit Hilfe einer Analyse bestimmter Texte des französischen Literaturtheoretikers und Essayisten positiv zu beantworten. Dabei werden für Barthes' Schreiben konstitutive, in der umfangreichen Forschungsliteratur bereits vielfach diskutierte Techniken und Verfahren aufgezeigt. Ein von den Texten ausgelöster Effekt der Verblüffung und Plötzlichkeit steht im Zentrum der von Barthes intendierten und von Schlaffer nachgezeichneten Wirkungsweise, die gerade auch den „widerstrebenden Leser" beeinflußt. Verbunden mit der Plötzlichkeit des Zuschnappens, zeichnet sich hier eine Funktionsweise ab, die durchaus jener der semantischen Falle ähnelt, die uns zu Beginn unserer Überlegungen beschäftigte. Eine Falle – so ließe sich nun präzisieren – baut sich auf einem Gefälle zwischen dem Wissensstand des Fallenstellers und jenem des Opfers auf. So überrascht es nicht, daß Schlaffer (freilich mit gänzlich anderer Blickrichtung) im Akt der Veröffentlichung die Ausdrucksform eines Gefälles erkennt, das gleichsam als Konstante jedweder Publikation Geltung beanspruche: „Wer publiziert, setzt ein Gefälle des Wissens zwischen sich und den anderen voraus."[10] Diese Überzeugung betrifft selbstverständlich die Veröffentlichung des Essays über *Roland Barthes' Intelligenz* selbst, setzt also voraus, daß diese noch nicht in ausreichendem Maße erkannt wurde. Eben diese Arbeit (wie die ihr zugrundeliegende Überzeugung) soll hier problematisiert und in anderer Weise fortgesetzt werden. Dabei geht es nicht zuletzt um das von

Schlaffer angenommene „Gefälle des Wissens" und damit um die Konstruktion des wissenschaftlichen Subjekts – und dessen Fallhöhe.

Ausgehend von *Roland Barthes par Roland Barthes* (dt. *Über mich selbst*) und *Le plaisir du texte* (dt. *Die Lust am Text*), kommt Heinz Schlaffer zu der Erkenntnis, daß „Intellektualität" im Unterschied zu „funktionaler Intelligenz" eine „dargestellte Intelligenz"[11] sei. Schreiben sei mithin „die beste Manifestation für eine solche Intelligenz".[12] Das ist intelligent gedacht, läßt freilich außer acht, daß diese dargestellte Intelligenz nicht zuletzt auch inszenierte, in Szene gesetzte Intelligenz ist. Und sie ist in einem doppelten Sinne inszeniert. Während sich für Heinz Schlaffer Barthes' Intelligenz etwa in den *Mythen des Alltags* als eine positive Abweichung von der Norm darstellt und daher mehr oder minder isoliert der verbreiteten, normbildenden Dummheit gegenübersteht, läßt sich etwa in Barthes' *Mythologies* – soweit dürfen wir unserer Analyse schon vorgreifen – sowohl die Inszenierung der eigenen Intelligenz als auch der Dummheit der Anderen feststellen. Beide sind unmittelbar miteinander verbunden und ergänzen sich selbstverständlich. Intelligenz erscheint im Sinne Schlaffers als ein prononciertes Wissensgefälle, das sich im Augenblick plötzlicher Evidenz entlädt und der Dummheit ihre eigene Dummheit vorführt, die Tag für Tag unbewußt gelebten Mythen aufgreift und enttarnt. Intelligenz und Dummheit stehen so einander als Pole einer binären Opposition gegenüber, die im besten Falle nur durch die Kraft stetig vorrückender Intelligenz kassiert werden kann. In Abwandlung Freuds könnten wir von einer Urszene der Intelligenz sprechen, die darauf abzielt, daß Intelligenz sei, wo vorher Dummheit war. Unübersehbar ist nicht nur die narzißtische Dimension eines solchen Begehrens (indem die Triebhaftigkeit des Es mit der Dummheit der Masse gleichgesetzt und der Intelligenz des Ich gegenübergestellt wird), sondern auch die Verbindung einer derartigen Überzeugung mit der Vorstellung von der Rolle der „Intellektualität" als aufklärerischer Potenz, als Teil eines aufklärerischen Projekts, dem sich die *Mythologies* Roland Barthes' zweifellos zuordneten. Funktion und Selbstverständnis des Intellektuellen gehen hier mit der Konstruktion des wissenschaftlichen Subjekts Hand in Hand. Mit einer derartigen Deutung von Barthes' Intelligenz besitzen wir jedoch bestenfalls die halbe Wahrheit. Denn für Barthes selbst war die Sache mit der Dummheit wesentlich komplexer.

Ein einziges Projekt: meine eigene Dummheit zu ergründen

Schon in seinem Vorwort zur Erstausgabe seiner *Mythologies* hatte sich Barthes die Frage gestellt, ob es nach all den von ihm verwirklichten Aufdeckungen und Enthüllungen, die er in seinen kurzen ideologiekritischen Texten bewerkstelligte, nicht auch eine Mythologie des Mythologen, also eine Infragestellung der eigenen Position überlegener Einsicht, geben müsse. Er stellte sich die Frage zwar, stellte sich ihr aber nicht. Denn Barthes räumte eine solche Notwendigkeit wohl ein, verstellte (oder deplazierte) aber dann listig das Problem, indem er darauf aufmerksam machte, daß es für ihn keine natürliche Grenze zwischen der Objektivität des Wissenschaftlers und der Subjektivität des Schriftstellers gebe.[13] Damit rückte er die Konstruktion des wissenschaftlichen Subjekts und mehr noch wissenschaftlicher Subjektivität in den Vordergrund. Gleichwohl entzog er sich in der Folge nicht dauerhaft der Problematik, wer denn die Mythen des Mythenlesers ihrerseits entmythisierte. Dadurch setzte er – wie zu zeigen sein wird – das Verhältnis zwischen Intelligenz und Dummheit, das auf den ersten Blick als so statisch erschien, in Bewegung. Für Roland Barthes war die Dummheit kein ihm äußerliches, nur den anderen zugeordnetes Attribut, sondern beinhaltete vielmehr eine Problematik, deren produktive Umsetzung sich faktisch über sein gesamtes Lebenswerk erstreckte und doch nie in jenes Buchprojekt einmündete, das er in einer auf den 22. Juli 1977 datierten und noch zu Lebzeiten veröffentlichten Notiz skizzierte. Dieses Vorhaben sollte den Abschluß einer Trilogie bilden, deren erste Teile er mit *Roland Barthes par Roland Barthes* und *Fragments d'un discours amoureux* (dt. *Fragmente einer Sprache der Liebe*) in den Jahren 1975 und 1977 vorgelegt hatte. Barthes umschrieb dieses Projekt wie folgt:

Seit einigen Jahren, so scheint es, nur noch ein einziges Projekt: meine eigene Dummheit zu ergründen oder, besser noch, sie zu sagen, sie zum Gegenstand meiner Bücher zu machen. Auf diese Weise habe ich die „egotistische" Dummheit und die verliebte Dummheit gesagt. Es bleibt eine dritte Dummheit, die es sehr wohl eines Tages zu sagen gilt: die politische Dummheit. Was ich politisch über die Ereignisse denke (und etwas denke ich darüber unablässig), von einem Tag auf den anderen, ist dumm. Diese Dummheit gilt es nun im dritten Buch dieser kleinen Trilogie zum Ausdruck zu bringen; eine Art Journal politique. Es bräuchte einen enormen Mut, doch könnte dies vielleicht jene Mischung aus Langeweile, Angst und Empörung exorzisieren, die für mich das Politische (le Politique) – oder vielmehr die Politik (la Politique) – darstellt.[14]

Wenn es auch nie zum Abschluß dieser „trilogie de la bêtise" kam, so ist doch deutlich, daß die Dummheit für Roland Barthes nichts ihm Äußerliches darstellte, sondern daß sie von ihm selber immer wieder von neuem Besitz ergriff. In diesem Sinne stellte sie für sein Schreiben eine ständige Herausforderung und Antriebskraft dar, wobei die „écriture" nicht nur in obigem Zitat in der Form der Buchpublikation in ein spannungsvolles Verhältnis zum (egotistischen, amourösen oder politischen) Denken tritt, das eben „bête" sei. Die Dummheit ist für Barthes weit mehr als eine Herausforderung: Sie ist ein Faszinosum. So heißt es in *Roland Barthes par Roland Barthes* unter dem Stichwort „Über die Dummheit habe ich kein Recht ...":

Aus einem Musikspiel, das er wöchentlich auf Ultrakurzwelle hört und das ihm „dumm" vorkommt, zieht er das Folgende: Die Dummheit wäre demzufolge ein harter und nicht spaltbarer Kern, ein Urzustand (primitiv): Nicht daran zu denken, sie wissenschaftlich auseinanderzunehmen (denn wäre eine wissenschaftliche Analyse der Dummheit möglich, würde das ganze Fernsehen zusammenbrechen). Was ist sie? Ein Spektakel, eine ästhetische Fiktion, vielleicht ein Phantasma? Vielleicht haben wir Lust, uns selbst ins Bild zu setzen? Es ist schön, erstickend, seltsam; und von der Dummheit hätte ich letztlich allein das Recht, das Folgende zu sagen: Sie fasziniert mich. Die Faszination wäre just das Gefühl, das mir die Dummheit eingeben soll (spricht man ihren Namen aus): Sie umschlingt mich (sie ist unbehandelbar), nichts hat Schlagrecht über sie, sie zieht jeden in ihr Händeklatschspiel.[15]

Ich bin doch nicht blöd

In diesem Zitat von 1977 erscheint die Dummheit als harter Kern, als etwas nicht mehr Auflösbares, das durch keine Analyse, durch keine Scheidekunst mehr in seine Bestandteile zerlegt werden kann. In den fünfziger Jahren, als Barthes seine kleinen *Mythen des Alltags* für verschiedene französische Periodika verfaßte, hatte er dieses Problem noch ganz anders gesehen. Denn in diesen Kurztexten sowie in dem auf September 1956 datierten zweiten

Teil, *Der Mythos heute* (*Le mythe, aujourd'hui*), schrieb Barthes so beseelt, als ginge es darum, in einem Kreuzzug der Zeichendeutung die Dummheit mit Stumpf und Stil auszurotten. Keine Handlung oder Geste des Alltags, keine politische Floskel oder kulturelle Selbstverständlichkeit waren vor ihm sicher, nichts schien sich seinem ideologiekritischen Blick entziehen zu können, wobei das mit spitzer Feder und per „écriture courte" Aufgespießte dann im zweiten, theoretischen Teil mit Hilfe eines neuerworbenen wissenschaftlichen Instrumentariums genüßlich seziert wurde. Seit die *Mythologies* erstmals 1957 in Buchform erschienen, haben sie ihre Leser fasziniert – vielleicht gerade, weil zu spüren war, wie sehr die Dummheit (in der Form dessen, was er den Mythos nannte) den Autor dieses Bändchens selbst in ihren Bann schlug.

In seinen blitzgescheiten Überlegungen über „diesen alten obskurantistischen Mythos, dem zufolge eine Idee schädlich ist, solange sie nicht vom ‚gesunden Menschenverstand' und vom ‚Gefühl' her kontrolliert ist",[16] machte er auf ein bereits in Marcel Prousts *Auf der Suche nach der verlorenen Zeit* herausgearbeitetes Verfahren der Kritik aufmerksam, sich dumm zu stellen und die Einheit mit dem Leser gegen das Neue, das Unerhörte zu suchen. Diese Strategie der Verdummung beruht darauf, daß Kritiker und Leser gleichermaßen davon überzeugt sind, intelligent zu sein. Wenn sie das Andere nicht verstehen, dann muß eben dieses Andere (für Barthes damals die zeitgenössische Philosophie, die Psychoanalyse oder die marxistische Ästhetik) dumm sein. Der von Barthes sezierten Taktik, sich im Namen des gesunden Menschenverstandes für dumm zu erklären, gerade um die vorgetäuschte Dummheit auf den besprochenen Gegenstand zu übertragen (und diesen damit zu disqualifizieren), setzt der Autor von *Le degré zéro de l'écriture* (dt. *Am Nullpunkt der Literatur*) eine Position entgegen, deren Kern sich in strikter Opposition wie folgt formulieren ließe: „Ich bin zu intelligent, um das nicht zu verstehen". So wird die Position des wissenschaftlichen Subjekts, das sich einer in der Gesellschaft grassierenden Dummheit entgegenstemmt, markiert. Allgemeiner noch ließe sich behaupten: Seit jeher ist der Satz „Ich bin doch nicht blöd" Ausgangspunkt nahezu aller, die sich aufmachen, Strategien der Verdummung zu enttarnen. Und doch, so zeigt uns die späte Einsicht in Barthes' Zitat von 1977, ist die Sache mit der Dummheit noch vertrackter. Wie könnte man aber an der Dummheit „harten Kern" herankommen?

Wenn man die *Essais critiques* als kritische Versuche über die Moderne bezeichnen kann,[17] so lassen sich die *Mythologies* als (ideologie-)kritische Versuche über die Dummheit in der Moderne lesen. In seiner Rede zur Verleihung des Friedenspreises des Deutschen Buchhandels 1969 hat Alexander Mitscherlich von der „Begabungsdummheit" die „anerzogene Dummheit" geschieden, jene „sorgfältig durch Erziehung zu Vorurteilen herbeigeführte Dummheit", die „leider massenhaft" auftrete.[18] Das scheinbar Unausrottbare der Dummheit, der sich dieser recht paradox zu einer Symbolfigur der deutschen 68er-Generation avancierte Psychoanalytiker nicht weniger entgegenstemmte als den „andauernden Erschwernissen beim Herstellen von Frieden", erklärt sich zumindest in der Moderne aus ihrer Massenproduktion durch die verschiedenen Instanzen von Erziehung und Bildung. Es zeugt meiner Ansicht nach nicht von kritischer Intelligenz, daraus die heute immer häufiger anzutreffende Konsequenz zu ziehen, künftig auf eine allgemeine höhere Schulbildung zu verzichten und vielmehr auf eine gesellschaftliche Elite zu setzen. Auch für Mitscherlich wäre eine solche Schlußfolgerung absurd gewesen, selbst wenn für ihn Dummheit – nicht zuletzt vor dem Hintergrund jener politischen Ereignisse, die sein Leben maßgeblich prägten – längst zu einem Massenphänomen geworden war. Freilich: Wenn Intelligenz als positive Abweichung von der Norm verstanden wird, liegt der Ruf nach Elitenbildung und Elitenförderung nahe. Sehnsucht nach der Elite setzt ein Verständnis von Intelligenz als positiver Abweichung, ja als Ausnahmefall geradezu voraus.

André Glucksmann, den nicht allzuviel mit dem deutschen Psychoanalytiker einer früheren Generation zu verbinden scheint, sah in seinem Buch über die Dummheit (*La bêtise*) letztere ebenfalls als ein Massenphänomen, das gerade in der Moderne um sich gegriffen habe. Seine „Verteidigung des Intellektuellen" geriet dennoch nicht zu einem Plädoyer für die Intelligenzia im Sinne einer gesellschaftlichen Elite, wie sie in den desillusionierten neunziger Jahren gerade in Deutschland gefordert wird. Dem Intellektuellen kommt vielmehr die Funktion eines gesellschaftlichen Korrektivs zu, das allzu simplen, allzu beruhigenden Denkvorstellungen entgegentritt. Man werde mit der Dummheit, so der französische Intellektuelle, „nicht so leicht fertig" und träume vergeblich davon, „ihr die Kehle durchzuschneiden, denn sie besitzt mehrere Köpfe".[19] Auch bei Glucksmann findet sich freilich eine nicht nur bildungspolitisch hochproblematische Verbindung zwischen Dummheit und Masse: „Die Dummheit ist ihrem Wesen nach demokratisch und erheischt die Mitarbeit aller", eine Einschätzung, die Glucksmann wenige Jahre vor dem Fall der Mauer auf die aktive oder passive Mitarbeit des Westens an der Entstehung und Verfestigung totalitärer Systeme im Osten münzte. So umstritten Glucksmanns politische Bewertungen auch sein mögen: aus unserer Sicht begehen sie zumindest nicht die Dummheit, Dummheit allein den anderen zuzuschreiben. Gegen die seit dem 19. Jahrhundert „steigende Flut der modernen Dummheit"[20] setzt er eine schlichte Erkenntnis: „Dummheit – das sind wir."[21] Die Tatsache, daß Dummheit in aller Regel intelligent auftritt – „Ich bin doch nicht blöd" ist längst auch zu einem Satz geworden, mit Hilfe dessen wohl nicht zufällig für moderne Medien der Massenkommunikation geworben wird –, bestärkt Glucksmann nur in der Auffassung, keinen Graben zwischen den Intelligenten und den Dummen zu ziehen:

Wie Sand am Meer gibt es sie, die Beispiele für Dummheit, täglich nehmen sie zu und bestärken uns in der Illusion, wir seien unbeteiligte Beobachter. Aber es gibt keine Dummheit, die nicht auf irgendeine Weise auch die unsere wäre, und so wird der Wunsch, sie von Grund auf zu verstehen, von der Sorge hintertrieben, sich vor ihr zu schützen.[22]

Eines ist nun klar: Intelligenz bietet keinen dauerhaften Schutz vor Dummheit. Daher sollten wir weder die Dummheit noch die Strategien der Verdummung den nur Intelligenten (im Sinne einer Elite) überlassen.

Die Dummheit ist immer und überall

In seinen kritischen Versuchen über die Dummheit in der Moderne hatte Roland Barthes 1957 noch nicht auf die Grenzziehung zwischen Dummheit und Intelligenz, zwischen gesellschaftlich hergestellter Dummheit und aufklärerisch-ideologiekritisch agierender Intellektualität verzichtet. Den Begriff des „Mythos" können wir in seinen *Mythologies* vielfach – wenn auch nicht immer – mit dem der Dummheit, oftmals mit dem der politischen Dummheit beziehungsweise Verdummung gleichsetzen. Im Abschnitt *Der Mythos rechts* (*Le mythe, à droite*), der nicht umsonst wie eine identifikatorische Replik auf den Titel des zweiten Teiles, *Der Mythos heute*, klingt und auf der Behauptung basiert, daß der Mythos im damaligen Frankreich fast ausschließlich im politisch rechten Lager[23] zu finden sei, versucht Barthes, den Mythos auf den Begriff und damit zur Strecke zu bringen. Er konstruiert dabei eine Rhetorik der Figuren des Mythos, die sich sehr wohl als eine Rhetorik von Figuren der Dummheit verstehen und in ähnlicher Weise begreifen läßt wie jene Figuren des Liebenden, die Barthes 1977 in *Fragments d'un discours amoureux* choreographisch um sich versammelte. Die Bezüge zwischen jenem Buch der *bêtise amoureuse* und den *Mythologies*, die sich als Sammlung der bürgerlichen Dummheit, der „bêtise bourgeoise", lesen lassen, sind offenkundig, heben aber noch nicht die Undurchdringlichkeit der Grenze zwischen Dummheit und Intelligenz sowie zwischen Objekt und Subjekt auf.

Sieben Hauptfiguren des Mythos werden von Barthes aufgelistet[24] und repräsentieren sieben Strategien der Verdummung. Dabei handelt es sich im einzelnen um das Serum (eine Art Immunisierung des kollektiven Imaginären), die Entziehung der Geschichte (im Mythos verflüchtigt sich das Historische), die Identifizierung (das Andere wird stets auf das Selbe zurückgeführt), die Tautologie (die Definition desselben durch dasselbe), das Weder-Noch (das Verwerfen zweier miteinander in Beziehung gesetzter Gegensätze), die Quantifizierung der Qualität (eine verbreitete Intelligenzsparmaßnahme) sowie die Feststellung (die Tendenz des Mythos beziehungsweise der Dummheit zum Sprichwort und zur Universalisierung). Damit liefert der Mythenkritiker und Semioklast – und dies ist bislang nicht ausreichend erkannt worden – sieben Rezepte zur Herstellung von Dummheit und zugleich zum Erkennen hergestellter Dummheit. Damit kann Barthes belegen, daß (zumindest im rechten Lager) die Dummheit – wie das Böse – immer und überall ist; und zum anderen scheint er sich zum damaligen Zeitpunkt der Vorstellung hinzugeben, daß man mit einem auf die Alltagskultur angewandten Strukturalismus nunmehr über ein Werkzeug verfüge, mit dem man ein für allemal derartigen Formen der Dummheit den Garaus machen könnte.[25] Das war intelligent analysiert, brillant formuliert, aber leider ein wenig kurz gedacht. Denn Dummheit und Intelligenz lassen sich so einfach nicht einander gegenüberstellen. Und selbst wenn uns dies gelänge: Sehen sie sich erst in die Augen, so ist es schon um sie (und um uns) geschehen. Wir sollten uns also davor hüten, wie Goyas Esel allzu früh „Brabisimo" zu rufen: Denn hinter unserem Rücken wurde längst eine neue Verdummung in Szene gesetzt. Nehmen wir daher einen neuen Anlauf. Dies tat auch Barthes.

Die *Mythen des Alltags* sind nicht nur ein höchst unterhaltsames Buch, sondern beinhalten ohne jeden Zweifel eine brillante Kritik der bürgerlichen französischen Gesellschaft, die in anregender Methodologie dem Strukturalismus neue, historisch bestimmte Räume erschloß. Dreizehn Jahre später jedoch stellte Barthes seinen *Mythologies* ein Vorwort voran, das in einem veränderten historischen Kontext die Akzente anders setzte und nun angesichts der Entwicklung der Semiologie die „Befreiung des Signifikanten"[26] und nicht mehr die Entmythisierung einer entfremdeten (klein-)bürgerlichen Kultur in den Vordergrund rückte. Denn Barthes hatte erkannt, daß die Mythen des Kleinbürgertums in den Mythos vom Kleinbürgertum umgeschlagen waren. In einem Interview mit der Zeitschrift *Tel Quel* räumte Barthes 1971 ein, „systematisch en bloc eine Art Monstrum geschaffen zu haben", das er Kleinbürgertum nannte, um daraus einen Mythos herstellen und „unaufhörlich auf diesen Block einschlagen" zu können.[27] Damit aber wird deutlich, daß sich die Rede von der hergestellten Dummheit in einem doppelten (wenn auch von Mitscherlich nicht vorgesehenen) Sinne verstehen läßt: als eine vom (Klein-)Bürgertum hergestellte, anerzogene (also gesellschaftlich vermittelte) Dummheit und als eine von Barthes selbst inszenierte Dummheit, vor deren dunklem Hintergrund Intelligenz und Schärfe des Mythenkritikers sich nur um so stärker und brillanter abhoben. Barthes rekonstruierte (und konstruierte) zahlreiche Strategien der Verdummung, um damit seine Strategien der Entdummung deutlicher vorführen zu können. Auf Dauer war der Dummheit damit freilich nicht der Garaus zu machen. So zog er in den siebziger Jahren die Konsequenz aus seiner früheren Behandlung von Strategien der Verdummung, indem er die eigenen Strategien der Entdummung ihrerseits einer Kritik unterzog, die das Problematische, das Dumme in ihrer Intelligenz, hervortrieb. So lesen wir in seinem Buch über die „bêtise égotiste", *Roland Barthes par Roland Barthes*:

> Sehr häufig geht er vom Stereotyp aus, von der banalen Meinung, die in ihm ist (qui est en lui). Und da er (aufgrund eines ästhetischen oder individualistischen Reflexes) nichts davon will, sucht er nach etwas anderem; gewöhnlich wird er schnell müde und bleibt bei der simplen Gegenmeinung, beim Paradoxon, bei dem, was das Vorurteil mechanisch negiert, stehen (zum Beispiel: „Eine Wissenschaft gibt es nur vom Partikulären"). Letztlich unterhält er mit dem Stereotyp wechselseitige, familiäre Beziehungen.
>
> Es geht um eine Art von intellektuellem déport (von sport), ein Deportieren: Er wechselt systematisch dorthin, wo es zu einer Verhärtung der Sprache, zu einer Konsistenz, zu einer Stereotypie gekommen ist. Wie eine wachsame Köchin hantiert er herum, wacht darüber, daß die Sprache nicht dickflüssig wird, daß sie nicht gerinnt. Diese Bewegung rein formaler Natur zeigt die Fortschritte und Rückschritte des Werkes an: Es handelt sich um eine rein sprachliche Taktik, die sich in der Luft vollzieht, außerhalb jeglichen strategischen Horizonts. Das Risiko besteht darin, daß sich das Stereotyp historisch, politisch deplaziert und man ihm wohin auch immer folgen muß: Was tun, wenn das Stereotyp nach links wechselte?[28]

Aus der Strategie ist eine Taktik geworden. Nur so kann sie als Taktik wieder in eine Strategie eingebunden werden, die gewitzter ist, weil sie ihrer Dummheit innewurde. Die Dummheit geht damit ein in die Konstruktion des (wissenschaftlichen, schreibenden) Subjekts, ein ebenso unerhörter wie ungehörter Vorgang. Die von Barthes gewählte gastronomische Metaphorik ist angesichts der Einverleibungsproblematik keineswegs fehl am Platze.

Der Bildschirm lacht

In der zeitgenössischen Medienkritik verkörpert das Fernsehen seit langem die gesellschaftliche GAD, die größte anzunehmende Dummheit. Wie wir sahen, mutmaßte schon Roland Barthes, das Fernsehen würde in sich zusammenstürzen, wäre eine wissenschaftliche Analyse der Dummheit möglich. 25 Jahre später sind die Fernsehbildschirme noch immer nicht implodiert; so ist es nicht verboten, sich Gedanken über die Dummheit mancher wissenschaftlichen Analyse zu machen. Denn an derlei Versuchen hat es nicht gefehlt. Auf besonders erfolgreiche und mediengerechte Weise unternahm es Neil Postman Mitte der achtziger Jahre, eine Medienanalyse vorzulegen, die dem Zeitalter einer Dominanz der Schriftpresse, eines „Age of Exposition" und einer „Typographic

Mind", eine Welt des Fernsehens entgegenstellte, die er als „The Peek-a-Boo World" kennzeichnete[29] und zugleich abqualifizierte. Die Botschaft, daß sich die Welt durch das Fernsehen zu Tode amüsiere, erreichte diese Welt vermittels der ständigen Medienpräsenz Postmans nicht nur durch das Buch, sondern im Medium Fernsehen selbst. Das erscheint nicht anders als „natürlich" – im Sinne Barthes' selbstverständlich, also in der Form einer Verwandlung von Geschichte in Natur –, sind Medienkritiker selbst zumeist nicht nur Medienspezialisten, sondern im Zeitalter des Show-Geschäfts, des „Age of Show Business", auch Medienstars. Dies gilt für Postman nicht weniger als für Glucksmann, für Bourdieu nicht weniger als für Barthes. Wären sie es nicht, nur wenige würden je von ihrem kritischen Denken erfahren. Die performative Kompetenz, die den Intellektuellen im Medienzeitalter ausmacht, erstreckt sich gerade auf den Umgang mit den Medien. Nur mit der Geste der (inszenierten) Intelligenz ist die (hergestellte) Dummheit anzuprangern – und breitenwirksam zu verkaufen. In der Formel „Now ... this" – als Markierung des Übergangs zwischen unterschiedlichsten Berichten und Ausstrahlungen – macht Postman jene Mechanik medialer Radio- und Fernsehpräsentation aus, die es nicht mehr erlaube, Gedanken auszudenken.[30] An die Stelle des Denkens sei das Lachen getreten, dessen Grund man sofort wieder vergesse (wenn man ihn denn jemals erfuhr). Nicht auszudenken, würden die Medienkritiker der Industriestaaten bei ihrer Fernsehschelte ihre Kritik in die Tat umsetzen. Doch längst haben wir alle unsere eigenen Strategien medialer Entdummung gelernt. Über wessen Dummheit kann wer lachen? Wer hat angesichts seiner Intelligenz gut lachen? Und überhaupt: Wer lacht eigentlich im Fernsehen?

Fast zeitgleich mit Postmans Studie machte Jean Baudrillard in seinem den USA gewidmeten Bändchen darauf aufmerksam, daß das Lachen im nordamerikanischen Fernsehen längst den Chor der antiken Tragödie ersetzt habe.[31] Woanders überlasse man dem Fernsehzuschauer noch das Lachen. In den Vereinigten Staaten aber sei das Lachen zu einem Teil des Spektakels selbst geworden: „Nun ist es der Bildschirm, der lacht und sich amüsiert. Ihnen aber bleibt nichts als Konsterniertheit."[32] Damit radikalisiert Baudrillard nicht nur Postmans Gedanken, sondern bietet uns zugleich auch eine Möglichkeit, die Dummheit im Sinne des späten

Barthes als ein „spectacle" zu verstehen, das sich kannibalisch alles einzuverleiben imstande ist. Jahre vor der Erfahrung des Golfkrieges konnte Baudrillard darauf verweisen, daß in den USA die Kriege auch im Fernsehen ausgetragen werden. Denn die „Amerikaner", so Baudrillard, verfügen über „zwei essentielle Waffen: die Luftwaffe und die Information".[33] Ähnlich wie der Barthessche Mythos kann sich das Fernsehen alles einverleiben und in ein Spektakel verwandeln, das in der Tat der Logik des „Now ... this" folgt.[34]

Während wir Neil Postmans Haltung vielleicht am besten mit der eines Warnenden und Baudrillards Gestus eher mit dem eines Philosophen vergleichen dürfen, der einzelne Fragmente einer Welt der Simulacra – ähnlich wie in seinen Photographien – porträtiert und präsentiert, ist die Position (und sicherlich nicht nur die Pose) Pierre Bourdieus die eines Intellektuellen im modernen, nicht umsonst stark französisch geprägten Sinne. Allen gemeinsam ist jedoch, daß sie unverkennbar – und in einem doppelten Wortsinn – auf der Seite der Intelligenz stehen. Erst von hier aus gewinnt ihre Konstruktion der eigenen wissenschaftlichen Subjektivität an Profil. Die Dummheit ist ihnen Gegen-Stand, sie tritt ihnen objektiviert entgegen. Dummheit taucht nur als Dummheit der jeweils anderen (beziehungsweise von ihnen selbst nicht zu verantwortender Strukturen) auf.

Von diesen drei Vertretern der Intelligenz ist zweifellos Bourdieu dem Barthes der *Mythologies* am nächsten, kommt es ihm doch nicht nur darauf an, die Welt verschieden zu interpretieren, sondern mehr noch zu verändern. Dabei ist es durchaus verwunderlich, daß sich der französische Soziologe – wenn auch nicht explizit – auf Barthes bezieht und an diesen anknüpft, hatte er doch in früheren Jahren recht häufig das Denken des Autors von *Critique et vérité* (dt. *Kritik und Wahrheit*) sehr kritisch, ja disqualifizierend beleuchtet. Nicht zufällig hatte er in *Homo academicus* einen bekannten, aus der Feder Barthes' stammenden Begriff aufgespießt, indem er weiten Teilen der Semiologie und weiteren „phantasmagorischen" Bereichen der „sciences de l'homme" pauschal einen „effet de science", mithin einen „Wissenschaftlichkeitseffekt", unterstellte.[35] In seiner Mitte der neunziger Jahre veröffentlichten und (weit mehr noch als bei Neil Postman) telegenen Studie *Über das Fernsehen* (*Sur la télévision*) – es handelt sich um die korrigierte Transkription zweier Ausstrahlungen von Vorlesungen am Collège de France – griff Bourdieu erneut auf das Barthessche Konzept des „effet de réel" zurück, ohne dessen Urheber aus der Anonymität der „Literaturkritiker" herauszuheben.[36] Bourdieu versteht darunter die Fähigkeit des Bildes, den Zuschauern etwas vor Augen zu führen und sie zugleich an das vor Augen Geführte glauben zu lassen. Damit wird der in einem ganz anderen Sinnkontext entstandene Begriff des „Realitätseffekts" produktiv auf einen Gegenstand bezogen, dem schon bei Neil Postman (nach dem typographischen Zeitalter) etwas eminent Verdummendes anhaftete.[37] Es überrascht daher nicht, daß Bourdieu als Modell für die im Fernsehen ausgetragene „demokratische Debatte" das Catchen in den Sinn kommt,[38] hatten Barthes' *Mythologies* doch just mit dem Text *Le monde où l'on catche* eingesetzt. Vielleicht sollte man daher den Ausführungen Bourdieus die beiden ersten Sätze jenes Textes voranstellen, welche die kulturell sanktionierten Gräben zwischen Hochkultur und Massenkultur von Beginn an einebnen: „Die Tugend des Catchens besteht darin, ein exzessives Spektakel zu sein. Hier findet man eine Emphase, die wohl jene der antiken Theater ist."[39]

Doch die Orientierung Bourdieus an Barthes blieb auf jenen Teil der Schriften beschränkt, die den Verfasser der *Essais critiques* im marxisierenden, ideologiekritischen Diskurs und mit der Geste des Aufklärers zeigen. Denn es ist just jene wissenschaftlich legitimierte gesellschaftliche Führungsrolle, auf die Bourdieu als kritischer Denker Anspruch erhebt. Hatte Barthes zunehmend das Auseinanderklaffen zwischen Sprache und Metasprache, zwischen Wissenschaftler und Schriftsteller, zwischen Objekt und Subjekt beklagt und eine Reihe literarischer beziehungsweise technischer Verfahren entwickelt, um derlei Spaltungen entgegenwirken zu können, markiert die Studie Bourdieus schon in ihrem Titel ihre dezidierte Metasprachlichkeit, die Position eines Wissenschaftlers und Intellektuellen, der, mit einem spezifisch wissenschaftlichen Instrumentarium ausgerüstet, über das Fernsehen spricht und über seinem Gegenstand steht. Die schon im Vorwort eingenommene Position (und im Fortgang der Analyse pointiert präsentierte Selbstkonstruktion) ist die eines kritischen Geistes, der Fehlentwicklungen in der Gesellschaft entgegentreten möchte und dabei im Fernsehen „eine sehr große Gefahr für die verschiedenen

Sphären kultureller Produktion" erblickt.[40] Als den „Verborgenen Gott", der über diesen Sphären thront, macht Bourdieu wenig überraschend die Einschaltquote (und mithin den quantifizierbaren Erfolg) aus,[41] die als Regelungsprinzip längst in den unterschiedlichsten Bereichen des Kultur- und Wissenschaftsbetriebs wirke. Quantifizierung als Strategie der Verdummung – diese Feststellung könnte vom jungen Barthes stammen. Wie Postman erblickt auch Bourdieu eine weitere Gefahr darin, daß sich das Fernsehen als Ausdrucksform für das Denken kaum eigne,[42] ziele dieses Medium doch auf eine Schnelligkeit ab, der allein noch die stets herbeigerufenen Schnelldenker (fast-thinkers) genügen könnten. Für derart beschleunigte Kommunikationsformen aber eigneten sich nur noch die Gemeinplätze, die „idées reçues".[43]

Die Intelligenz, so scheint es, braucht ihre Zeit; Dummheit und Verdummung sind schneller. Die Zeitersparnis, so könnten wir bezüglich der Verdummung durch tradierte Ideen folgern, beruht auf ihrer Möglichkeit, Legitimität und Glaubwürdigkeit durch die Herstellung von Serien des Identischen herzustellen. Goyas *Capricho* „Hasta su Abuelo" („Sogar sein Großvater"), in dem ein Esel dem Betrachter stolz ein Buch mit der Genealogie seiner eselsohrigen Vorfahren präsentiert, führt diese Strategie der Verdummung (freilich auf das Subjekt selbst bezogen) vor Augen. Sie gilt selbstverständlich nicht nur für Medien der Visualisierung. Wen wundert's, daß ein vorgängiger Entwurf Goyas den Titel „El asno literario" trug?[44]

Wenn die Dummen sprechen könnten

Die intelligente Analyse Pierre Bourdieus enthält nicht wenige Feststellungen, die schon zum Zeitpunkt von Postmans Studie längst zu Gemeinplätzen einer verbreiteten Medienschelte geworden waren.[45] Was aber soll mit diesen residualen Beständen des Denkens geschehen? Welches ist der Status jenes Teils des Denkens, der im Wissenschaftsbetrieb idealiter einer Kritik unterzogen und ausgeschieden wird? Welches also ist die Funktion des Gemeinplatzes für das Innovative, welches die Rolle der Dummheit für die Intelligenz, wenn wir die Dummheit nicht mehr als etwas Außerhalb Befindliches, sondern in uns selbst Angesiedeltes, in unseren eigenen Texten Vorhandenes begreifen? Die Schriften von Postman, Baudrillard und Bourdieu – um bei diesen drei Studien zu bleiben – sind sehr unterschiedlich methodologisch orientierte, intelligente Analysen ihrer jeweiligen Objektbereiche. Sie bearbeiten unter anderem verschiedene Strategien der Verdummung und versuchen, diesen eigene Strategien der Entdummung entgegenzustellen. Dabei wird aber nur die Dummheit der anderen bearbeitet, nicht aber jene Dummheit, jene unreflektierte Denkgewohnheit, die – so Barthes über Barthes – „est en lui", die sozusagen im eigenen Körper (des Textes) steckt.[46] Wie wir schon einem Konversationslexikon entnehmen konnten, ist mit der Grenzziehung zwischen dumm und intelligent ein Gefühl moralischer Überlegenheit verknüpft, das sich nicht nur im Selbstverständnis der eigenen gesellschaftlichen Rolle zeigt, sondern sich auch in bezug auf konkurrierende Individuen oder Gruppen manifestiert: So urteilt Bourdieu die Fernsehjournalisten in ähnlicher Weise als Konformisten und Kleinbürger ab, wie dies der Barthes der *Mythologies* nicht schärfer (aber gewiß subtiler) hätte tun können.[47] Oft ist es aber gerade das moralische Überlegenheitsgefühl, das Dummheit befördert. Man könnte guten Gewissens von einer eigenen Art der Dummheit sprechen, von der Dummheit des guten Gewissens.

Die Aufklärung immer neuer Strategien der Verdummung, denen unsere Gesellschaften und wir selbst in immer rascherer Abfolge ausgesetzt sind, erhellt nur die halbe Wahrheit, trennt sie die Intelligenz von der Dummheit und letztere von sich selber ab. Roland Barthes, so scheint mir, hat in seinen Büchern über die Dummheit – und dank seiner anhaltenden Faszination – dieses Dilemma erkannt.[48] Seine Intelligenz bestand gerade darin, nicht allein der Intelligenz vertraut zu haben. Goyas „El sueño de la razón produce monstruos" hat auch hier seine Gültigkeit nicht gänzlich verloren – und es bleibt den Leserinnen und den Lesern überlassen, ob sie diesen vieldeutigen Spruch mit „Der Schlaf der Vernunft gebiert die Ungeheuer" übersetzt sehen wollen oder in der Übersetzung vielleicht besser noch den „Schlaf" durch den „Traum der Vernunft" ersetzen.

Ist also gegen die sich historisch wandelnde, aber nie verschwindende Dummheit kein Kraut gewachsen? Die Frage ist falsch gestellt, denn in Wirklichkeit gibt uns die hier behandelte Problematik drängendere, beunruhigendere Fragestellungen auf.

Kann man über Dummheit sprechen, ohne intelligent zu sein? Kann man über Intelligenz sprechen, ohne Dummheit zu besitzen, also ohne selbst auch dumm zu sein? Bei seinem Umgang mit der Dummheit der anderen wie auch mit der eigenen Dummheit ist Gustave Flaubert auf ein Mittel verfallen, das nicht nur Roland Barthes zweifellos entscheidende Anstöße gab. In seinem ein Schriftstellerleben lang zusammengetragenen Wörterbuch der Gemeinplätze, seinem berühmten *Dictionnaire des idées reçues* – in dem wir ganz im Gegensatz zu den eingangs zitierten intelligenten Enzyklopädien[49] das Modell einer dummen Enzyklopädie (und nicht etwa einer Enzyklopädie für Dumme) erkennen können – durfte gewiß das Stichwort „bête" nicht fehlen. Stellen wir uns, um es deuten zu können, für einen Augenblick lang dumm, so wie der Autor von *Bouvard et Pécuchet* es mitunter tat. Denn dieses Stichwort lauert uns mit einer semantischen Verstellung auf. Wir treffen bei Flaubert auf eine gerissene Taktik der Verdummung, die natürlich eine Strategie der Entdummung befördert: „Ah! si les bêtes pouvaient parler! Il y en a qui sont plus intelligentes que des hommes."[50] Ach, wenn die Dummen sprechen könnten! Wir dürfen am Ende die von Flaubert gegeißelte Dummheit (il ne faut jamais conclure: nie etwas zum Abschluß bringen) begehen und – in einem deplazierten Rückgriff auf Marx – zusammenfassen, daß Philosophen, Schriftsteller und Wissenschaftler (und wir schließen die Vertreterinnen dieser Zünfte nicht aus) die Dummheit bislang nur verschieden interpretiert haben; es kommt jedoch darauf an, sie bewußt zum Sprechen zu bringen.

Hannelore Schlaffer

Das Glück der größten Zahl

Beliebtester Weihnachtsbaum der Deutschen ist nach Angaben der Landwirtschaftskammer Weser-Ems auch in diesem Jahr die Rotfichte. Vierzig Prozent der vermutlich 25 Millionen Christbäume seien Rotfichten, teilte die Kammer am Freitag in Oldenburg mit. Auf dem zweiten Platz folge mit einem Marktanteil von 25 Prozent die Nordmanntanne. Die Preise für die Bäume seien gegenüber dem Vorjahr stabil geblieben. Am günstigsten sei die Fichte, deren laufender Meter zwischen acht und zehn Mark koste. Teuerster Weihnachtsbaum sei mit 30 Mark je Meter die pazifische Edeltanne.

Diese Nachricht der Agentur Reuter veröffentlichte die *FAZ* kurz vor Weihnachten 1996. Die Meldung über den Christbaum als Meterware ist keine ökonomische Information für die Verkäufer dieses Festschmucks. Tatsächlich will und soll der Bürger wissen, welches sein Standpunkt im bezug auf den Weihnachtsbaum sei. Er begnügt sich aber nicht, wie in früheren Zeiten, damit, eine schwer faßbare Meinung, ein Credo oder Gutdünken über Weihnachtsbäume, seinen Sinn, seine symbolische Bedeutung oder Schönheit zu äußern. Er will seine Meinung auf den Punkt gebracht sehen; im wörtlichen Sinne möchte er einen Stand-Punkt haben – den auf einer Skala. Die Nachricht vergewisserte jeden deutschen Bürger über den Listenplatz, den sein Geschmack einnimmt, und klärte ihn darüber auf, ob er mit seiner Wahl und dem finanziellen Aufwand für den Baum auf dem ersten Platz steht und damit zu den Normalen gehört oder weiter hinten und apart ist auch noch im Feiern. Geschmack, Stil, Naturliebe, Stimmung, Pietät, Konservativismus und Fortschrittlichkeit – alle altertümlichen Qualitäten werden heutzutage durch Umfragen und statistische Berechnungen in Quantitäten übersetzt.

Jegliches Ermessen ist meßbar geworden. Wie gut Helmut Kohl als Bundeskanzler war, wußte man erst, nachdem er durch seine Amtszeit Adenauer überboten hatte, welches die Qualität der deutschen Universitäten ist, erfährt man erst durch das University-ranking von *Spiegel*, *Kapital* und *Focus*. Die Nützlichkeit und Notwendigkeit solcher Rechnung ist evident. Den Rang eines Politikers, die Qualität einer Universität zu erkennen, bedarf es spezifischer Kenntnisse, die nicht jedermann haben kann. Mitglieder

der einzelnen Universitäten etwa, die Forschungen und Lehrmeinungen ihrer Kollegen kennen, sind daher durch die ohnehin sehr unterschiedlichen Ergebnissen der Umfragen durchaus nicht zu erschrecken, auch wenn ihre eigene Institution weit hinten rangiert. Für die vielen Abiturienten aber, die an die Universität streben, ersetzt die Statistik das gebildete Elternhaus.

Schon seit langem wissen Museumsleute, daß Kennerschaft durch Zahlenkenntnis zu ersetzen ist. Alter und Preise von Gemälden, das Einkommen des Malers, das Gewicht eines Leuchters, die hunderterlei Sorten von Hölzern, die zur Herstellung einer Intarsie gebraucht wurden, die Kosten einer Ausstellung, die Höhe der Versicherungssumme für ein Gemälde, das alles sind Nachrichten der hohen Zahl, die die hohe Zahl der Museumsbesucher faszinieren kann und eine Nachfrage erzeugt, wie sie ein Museum und die Kultur überhaupt heutzutage zu ihrer Legitimation brauchen. Die hohe Zahl ist eine Panazee gegen Desinteresse.

Statistische Erhebungen sind Instrumente der Meinungsbildung in einer egalitären Gesellschaft. Sie setzen elitäres Wissen außer Kraft. Für die, die sich einer Sache nicht sicher sind, erlassen sie eindeutige Richtlinien zur Erleichterung ihrer Entscheidungen. Gleichheit, der Grundsatz der Demokratie, ist eine mathematische Norm, und es verwundert nicht, daß eine demokratische Gesellschaft darauf zielt, Gleichheit und Ungleichheit zu errechnen, denn klarer ist nichts als die Zahl. Die ideelle Gleichheit von Recht und Gesetz, die Gleichheit der Bildungschancen, des Lebensstandards übersetzt sich immer wieder in ein Zahlenverhältnis. Die Gründung der Bundesrepublik geht daher mit der Gründung der ersten Meinungsforschungsinstitute Hand in Hand.

Vor der politischen Gleich-Gültigkeit flüchtete sich die Phantasie seit je in die Erzählung von öffentlichen Skandalen. Sie sind für das Bewußtsein einer Gesellschaft symptomatisch. Die fünfziger Jahre berauschten sich an den Sex-Orgien von Franz Josef Strauß' Freund Kappenberger, dem Liebesleben des englischen Ministers Profumo und der Nitribit; den Neunzigern bereiten Steuerhinterziehungen und Wirtschaftskriminalität, Verbrechen also, die in die hohen Zahlen gehen, einen Heidenspaß. Nun ist Franz Josef Strauß' Sohn, der die Finanzmanipulationen seines Vaters deckte, auch ohne dessen bewundernswertes politisches Geschick ebenso interessant wie der Vater selbst. Das Verhältnis zum Staat belastet keinerlei Idee mehr. Die Wahl der Partei errechnet sich nach ihrer Einstellung zu Steuerregelung, Lohn- und Einkommensfragen, Beitragserhöhungen zur Renten- und Krankenversicherung, Schenkungs- und Erbschaftssteuer, zu Belangen also, die in Zahlen zu fassen sind. Das Auf und Ab der Sympathien für die eine oder andere Partei zu verfolgen ist so spannend wie das der Aktienkurse.

Demokratische Gerechtigkeit ist ein Rechenkunststück geworden, das sogar die Ungerechtigkeit legitimiert, denn benachteiligt sind immer die, die zur kleineren Gruppe gehören. Die Nachfrage oder zeitgemäßer: Die Akzeptanz sei, so meint man, immer auf seiten der höheren Zahl. Sie ist das Kriterium, nach dem sich die Notwendigkeit von sozialen und kulturellen Veranstaltungen bemißt. Ein stiller, abgelegener Park, der die winzige Investition für den Lohn eines einzigen Aufsehers zur Bewachung bräuchte, hätte keine Chance, über längere Zeit hin geöffnet zu bleiben, denn die, die Stille und Kontemplation lieben und brauchen, haben zwar ein Lebensrecht, aber keinen Lebensraum, keine Öffentlichkeit, weil ihrer zu wenige sind. Eine „zählende" Demokratie ist egalitär, Eigentümlichkeiten aber sind nun einmal nicht zählbar. Verständnis ist gerade deshalb die höchste Tugend einer Demokratie: In ihm wird aufbewahrt, was zwar akzeptiert ist, was aber nicht berücksichtigt werden kann.

Die hohe Zahl hat zwei Funktionen, die beschriebene egalitäre, die die größte Menge der Interessenten ausfindig macht, und den Superlativ, der aus dieser Menge eine einmalige Größe hervorhebt. Nur scheinbar widerstreiten sich beide Rechnungen. Sie konvergieren in der Überbietung: Viele überbieten die Wenigen – dies organisiert den Alltag; die höchste Zahl überbietet das Alltägliche – dies zeigt die Fähigkeiten an, die in der Menge schlummern. Die Welt der Tabellen und die Welt der Ranglisten ergänzen einander.

Der Superlativ gibt dem Zählen eine geradezu religiöse Erhabenheit. Er tendiert zum Unendlichen, zu dem, was dem menschlichen Geist nicht mehr faßbar ist. Die astronomischen Einkommen von Sportlern haben die Funktion, in der Welt des Kalküls das Wunder zu installieren. Eine vernünftige Bezahlung der Leistung würde den Sport den Kennern und Liebhabern zurückgeben. Für die vielen anderen, die körperlich meist so Unbeweglichen und emotional so Erregbaren, weist die Höhe der verdienten Gelder den Weg in den Glauben, denn die Summen, die gezahlt werden, sind vom rationalen Standpunkt aus unglaublich. Die Preisgelder der Sportler und ihre Einnahmen für Werbungen sind Mittel einer volkstümlichen Metaphysik: Sie lehren das Staunen in einer götterlosen Zeit.

Dieses Denken ist, wie der gesamte Lebensstandard der westlichen Welt, zum Leitbild aller Völker geworden. Einen bevorzugten Listenplatz in einer Rangordnung einzunehmen ist ein Ehrgeiz, der weltweit keinen ruhen läßt. Wer würde schon wissen wollen, welches nicht etwa ein guter, sondern der beste lateinamerikanische Film aller Zeiten gewesen ist? In Havanna aber wurde der Film *Erinnerungen an die Unterentwicklung* von 1967 von Tomás Guitiérrez dazu gewählt, und da die Jury schon einmal im Zuge war, hat sie weiter entschieden: „Zum bedeutendsten aller je in Lateinamerika tätigen Regisseure wurde Luis Buñuel vor Guitiérrez Alea gewählt, gefolgt von dem Brasilianer Glauber Rocha und dem Argentinier Fernando Solanas." Im Jahr 2000 hat endlich eine Befragung von 1800 amerikanischen Journalisten herausgebracht, was die beste Filmkomödie aller Zeiten ist, nämlich „Some like it hot". Das ästhetische Urteil ist hier, ganz im Sinne Kants, durch Konsens zustande gekommen, und noch dazu durch Auszählen.

Die Welt ist ein Guinnessbuch der Rekorde geworden, in dem jeder einmal zu einer Gruppe gehören kann, die einen ersten Platz einnimmt. Das eigentliche Unglück der Frau, die gerade als ältester Mensch mit 129 Jahren starb, war daher nicht, daß sie als Sklavin ihr Leben begann, sondern daß sie, weil ihre Geburtsurkunde nicht anerkannt wurde, am Lebensende nicht ins Guinnessbuch aufgenommen werden konnte.

Das Kunstwerk im Zeitalter seiner technischen Reproduzierbarkeit gibt, so weiß man seit Walter Benjamin, jedem die Chance, ein paar Minuten lang Star der laufenden Bilder zu sein. Die Demokratie im Zeitalter der Meinungsforschungsinstitute gibt jedem die Chance, einmal auf einem ersten Platz zu stehen. Die Möglichkeit, aus der Vielfalt der Welt Felder auszugrenzen, deren Unordnung durch Rang und Zahl gerichtet wird, ist unendlich.

Die Emotion, die der Superlativ erzeugt, das Staunen vor der erhabenen Zahl, widerstreitet nun aber der rationalen Rechnung. Gerechtigkeit ist das Ziel, Ungerechtigkeit der Traum der demokratischen Gesellschaft: Sie erstrebt gleiche Einkommen für alle und läßt sich gleichzeitig von den horrenden Preisgeldern der Sportler faszinieren; sie fordert einen einheitlichen Lebensstandard für alle und bewundert den Luxus von Prinzessinnen, die aus Versehen reich sind; sie erstrebt gleiche Bildungschancen und feiert Tenöre, die die Natur begünstigt hat und die Gesellschaft teuer bezahlt; sie möchte, daß alle gleich aussehen, und kann sich an der künstlichen Schönheit hochbezahlter Topmodels nicht sattsehen.

Der Superlativ durchstreicht die Gleichheit für einen berauschenden Augenblick. Er ist eine mathematische Größe mit emotionalem Hautgoût. Der Superlativ ist die Zahl, die Eindruck macht. Preise für Gemälde sind nicht mehr nur hoch, ihre Spitzenposition in der Skala aller je bezahlten Preise muß errechnet werden. Eindrucksvoll wurde die Summe von 13,4 Millionen Mark für eine Raffael-Studie, die ein anonymer Bieter zahlte, erst dadurch, daß dies der höchste Preis war, der je bei vergleichbaren Auktionen alter Meister für eine Zeichnung geboten worden war.

Aus jeder Nüchternheit des Alltags macht der Superlativ eine Wonne. Der harte Asphalt, auf dem sich der Urlaubsreisende Stunde für Stunde dem Ziel seiner Wünsche entgegenkämpft, wird zur Erlebnisstrecke durch den Stau, zumal wenn er der längste der Saison war. Polizei und Nachrichtendienst tun alles, um den Urlauber nicht um sein Glück zu betrügen: Sollten die einzelnen Staus zu kurz gewesen sein, um überhaupt bemerkt zu werden, so errechnet die Polizei die Gesamtlänge aller innerhalb eines willkürlich umgrenzten Gebietes und kommt, etwa in Süddeutschland in der Ferienzeit 1998, auf die beachtliche Strecke von 135 km. Aber nicht nur die Erwachsenen, die ihrem müde gewordenen Körper durch einen Bewegungstraum aufhelfen müssen, sondern auch die unruhige Jugend hat es mittlerweile leicht, Lust und Tollerei nach Listenplätzen zu taxieren: Die beliebteste Diskothek ist die, in der das Ohr die höchste Zahl an Beats ertragen muß. Nachrichten über superlativische Leistungen sind ein Petrarkismus für jedermann: Sie erdichten hohe Leiden für Nichtigkeiten.

Worüber sich nicht alles eine Skala eröffnen läßt, belegen die Sportreportagen, die heutzutage nur noch wenig vom Verlauf eines Wettkampfs und viel von seinem Ergebnis berichten. Der endgültige Sieg oder die Niederlage sind dabei unbedeutend geworden gegenüber den kleinen Erfolgen und Mißerfolgen während des Spiels. Dieses wird zerstückelt in lauter kleine, in Zahlen faßbare Momente, in Fehler, forced oder unforced, in Geschwindigkeiten von Elfmeterschüssen und Aufschlägen, in die Geburtstage der Spieler mit oder ohne hohe Zahl an Doppelfehlern. Die Beschreibung eines sportlichen Ereignisses ist im letzten Jahrzehnt durch eine absurde Kettenrechnung ersetzt worden. Würde man die Berichte über Tennismatches, woimmer eine Zahlenangabe erscheint, in Ziffern und nicht, wie es zur Täuschung des schriftkundigen Lesers geschieht, in Buchstaben schreiben, es entstünde ein Schriftbild, wie es in einer Zeitung sonst nie zu finden ist:

Im Finale von Paris gegen Iva Majoli verlor die 16jährige Martina Hingis ihr 1. Spiel des Jahres. Die Weltranglisten-9. aus Zagreb spielte vor 16 000 Zuschauern im Stade Roland Garros die in 37 Spielen ungeschlagene Weltranglisten-1. aus der Schweiz an die Wand und sorgte durch ein 6:4, 6:2 in 79 Minuten für die Überraschung der French Open. [...] 100 Jahre nachdem die Französin Françoise Masson als 1. Frau in Paris gewann, holte sich die 19jährige als 1. Kroatin einen Titel bei einem Grand-Slam-Turnier.

Sportberichte inszenieren vor allem aber einen Rausch der Superlative:

Als *erster* ungesetzter Spieler seit Mats Wilander 1982 gewann der 1.90 m große Kuerten das *größte* Sandplatzturnier der Welt. *Nie zuvor* war ein Grand-Slam-Sieger *so niedrig* in der Weltrangliste plaziert wie der Brasilianer. Keine Frage: der Tennissport erlebte am 8. Juni auf dem Sand von Roland Garros die *größte* Überraschung seit dem *ersten* Wimbledon-Sieg des 17jährigen Boris Becker am 7. Juni 1985 und dem Paris-Sieg des 17jährigen Michael Chang 1989. Mit *ungläubigem* Lächeln nahm Kuerten nach dem *Spiel seines Lebens...* [Hervorhebung H. S.]

Die Rekordsucht mit der Schlichtheit des Volkscharakters zu erklären hieße, die Notwendigkeit eines Denkens in Zahlen zu unterschätzen. Selbst Intellektuelle richten ihren Lebensstil nach dem Denkmuster der Mathematik. Ihre chronische Angst vor dem Provinzialismus ist die Ausgeburt einer Megalomanie, die sich nur in der Nähe von Superlativen beruhigt. Die Städte etwa, die sie bevorzugen, angeblich wegen des größeren kulturellen Angebots, folgt exakt der Höhe der Einwohnerzahl; ihre Rangliste für Deutschland lautet: Berlin, Hamburg, München, Köln; noch mehr sind sie verzaubert von den Millionenstädten des Auslands, Paris, London, New York, und wenn ihnen die japanische Sprache nicht unüberwindliche Schwierigkeiten in den Weg legte, so stünde auch das chaotische Tokio, das dem Europäer wenig kulturelle Erlebnisse bietet, hoch in ihrer Gunst. Auch die Qualität der Bücher, die sie lesen, drückt sich in Bestseller- und in gegen sie argumentierenden Bestenlisten aus, und neuerdings wird sogar alljährlich der Bestsellerverlag, der Verlag, der die meisten Bücher für die längste Zeit auf der Bestsellerliste hatte, bestimmt: 1996 war dies der *Hanser*-Verlag.

Der superlativischen Zahl entspricht eine Zahl, die man die „schöne" nennen möchte. Sie hat einen Rhythmus, einen Aufbau, eben eine schöne Gestalt. Mayer-Vorfelder, bislang Präsident des VfB, hat das Glück, auf das gern hingewiesen wird, am 3. 3. 1933 geboren zu sein. Solches Glück läßt sich zwingen: Die Jahrtausendwende hat fieberhafte Berechnungen provoziert, wann ein Kind gezeugt werden müsse, damit es am 1. 1. 2000 geboren werde; Hochzeiten wurden auf den 2. 2. 2000, den 4. 4. 2000, den 6. 6. 2000 (ein Datum immer mit einer geraden Zahl) verlegt. Auch das letzte Jahr des verflossenen Jahrtausends bot viele schöne Minuten. Freunde riefen sich eigens an, um den 9. 9. 1999 um 9 Uhr 9 zu begehen. Für extrem Schönheitstrunkene wies der *SWR* zu gegebener Minute darauf hin, daß nun gerade der 9. 9. 1999 9 Uhr 99 sei.

Der Zusammenhang von Zahl und Ökonomie liegt auf der Hand und wird in der neuesten Leidenschaft zur Börsenspekulation sichtbar. Selbst Hausfrauen setzen ihr bißchen Erspartes bei diesem Glücksspiel ein. Die Mitternacht, einst als Zeit für den erholsamsten Schlaf empfohlen, reserviert nun das Fernsehen für unentwegt laufende Börsennachrichten und Wirtschaftskommentare. Das Traumglück besteht im Steigen, der Nachtmahr im Fallen des DAX. Die schicksten Lokale einer Stadt lassen über Bildschirm die Börsenkurs laufen und stellen sich, wie etwa das „Zeppelino" in Stuttgart, vor als ein Ort „Where Cohiba meets DAX". In diesen Lokalen wird auch zum Mittagessen Wein getrunken – eine in Deutschland sonst nicht übliche Sitte –, damit einem möglichen Gewinn gleich zugeprostet werden kann; spektakuläre Erfolge werden mit Sekt begossen.

Es ist ein genialer Streich der Wirtschaft, daß sie mit dieser Aufregung über die Börse den Bürgern das Gefühl vermittelt, als seien sie nicht Käufer, sondern Verkäufer, nicht Konsumenten, sondern Besitzer. Der arbeitende Mensch als Börsenspekulant ist eigentlich eine Absurdität. Die Börse verspricht Gewinne ohne

Arbeit, das also, was Marx „Geld heckendes Geld" nannte – wer aber soll diese Gewinne erarbeiten als der Angestellte, der nun seinen Einsatz an gewitzte Makler verliert. Jedenfalls hat das Zahlenspiel der Börse ein Stück Leben, und noch dazu ein ziemlich unangenehmes, die Arbeit, in einen Glückszustand übersetzt.

Gewinnsucht aber, die den hohen Preis anstrebt, ist nicht der Ursprung, sondern die Folge eines strukturellen Wandels, der im Denken der Menschen mit der Entstehung des Kapitalismus einsetzte. Die „Ware" ist nun einmal nichts anderes als der Terminus technicus für die Übersetzung von Qualität in Quantität, einer Sache in einen Preis, einer Eigenschaft in eine Zahl. Tendenziell wird seit der frühen Neuzeit, so zeigt Jacques Le Goff in seinem Buch *Kaufleute und Bankiers im Mittelalter*, jede Wesentlichkeit numeriert:

> Für den Kaufmann wurde es zur Notwendigkeit, die Zeit zu messen, während die Kirche, die auf das Ewige achtete, sich dabei als ungeschickt erwies. Für die Geschäftsleute war ein Kalender, der sich nach beweglichen Festen richtete, äußerst unpraktisch. Das religiöse Jahr begann mit einem Datum, das zwischen dem 22. März und dem 25. April lag. Die Kaufleute brauchten jedoch für ihre Berechnungen und zur Aufstellung ihrer Bilanz feste Bezugspunkte. Unter den liturgischen Festen wählten sie ein zweitrangiges Fest, die Beschneidung Christi, und ließen ihre Konten vom 1. Januar bis zum 1. Juli laufen.[1]

Mit der Verwandlung der Zeitlichkeit in Uhrzeit beginnt das Zählen überhaupt. Heute, am Ende dieses historischen Prozesses, bei dem immer mehr Lebenssituationen in Zahlenverhältnissen ausgedrückt werden, ist jeder Bürger durch die Digitaluhr, die die Sonnenuhr abgelöst hat, an die noch das Zifferblatt der Armbanduhr erinnerte, durch eine Zahl am Arm markiert:

> Frühmette, Prim und Angelus richteten sich nach der Sonne und änderten sich während des Jahres. Die Glocken läuteten nach der Sonnenuhr. Der Kaufmann brauchte jedoch ein rationales Zifferblatt, das in zwölf oder vierundzwanzig gleiche Teile eingeteilt war. Er war es auch, der die Entdeckung und Übernahme der Turmuhren mit automatischem und regelmäßigem Schlagwerk förderte. [...] Von diesem Zeitpunkt an richtete sich das Leben der Menschen nicht mehr nach den Kirchenglocken, sondern nach der weltlichen Gemeindeuhr. Der Stunde der Kleriker folgte die Stunde der Geschäftsleute.[2]

Zahlen beschreiben von nun an Figuren, und das Geld, um das es zu gehen scheint, ist nur der kommunikative Akteur, der die starre

Ordnung belebt. Nicht nur Frühmette, Prim und Angelus wurden durch die Uhr abgeschafft. Außer Weihnachten wird heute kaum mehr ein kirchliches Fest gefeiert. Der Geburtstag, bevorzugter Anlaß zum Feiern in unserer Zeit, zählt Lebensabschnitte; Gedenktage, die letzten Reste eines historischen Gedächtnisses, schlagen sich in Gedenkartikeln nieder, die die gezählten Jahre des Verstorbenen mit seiner Bedeutung gleichsetzen. Wie die Medien mit den Bestsellerlisten die Börsenkurse der Kultur notieren, so erstellen die Zeitungen mit den Gedenkartikeln Zinstabellen über den Ertrag des gewesenen Lebens. Bei diesen Festen zeigt sich die eigentliche Faszination der Zahl erst so recht: Zählen ist immer eine Steigerung, eine Überbietung. Der alljährliche Geburtstag fügt dem Mensch etwas hinzu, obwohl seine Lebenskraft abnimmt, er ist ein Euphemismus gegen die Todesfurcht, und mit jedem Gedenktag – dem hunderten, hundertfünfzigsten, zweihundertfünfzigsten – bekommt ein Toter mehr Gewicht. Den Trost, den die Kirche gegen die Angst vor der Vergänglichkeit zu spenden wußte, kann sich nun jeder selbst beschaffen, indem er sein Leben mit einer sich steigernden Zahl verbindet.

Der historische Prozeß einer Mathematisierung des Alltags, dessen Beginn Le Goff ins 13. Jahrhundert verlegt, begleitet den Prozeß der Zivilisation die gesamte Neuzeit hindurch. Im 18. Jahrhundert etwa sandte man einen Brief an einen Adressaten, der am Marktplatz neben der Apotheke wohnte, heute findet ihn die Post durch mehrere Nummern auf dem Umschlag; früher bemaß sich die Höhe eines Raumes nach seinem repräsentativen Zweck, zu Beginn unseres Jahrhunderts hat Corbusier die Norm von 2,20 m für Zimmer, Möbel und Menschen entdeckt, und die Architektur baut in Modulen. Auch Schönheit und Gesundheit sind meßbar geworden. Wer schlank ist, ist schön, und also richtet er seinen Speiseplan nach der Kalorientabelle ein. Der alte Reichtum war am Habitus zu erkennen – nie hätte Jean Buddenbrook über sein Geld gesprochen –, der neue bemißt sich an den allmonatlich veröffentlichten Lebenshaltungskosten, Einkommensstatistiken, Zinstabellen und Börsenberichten. Den alten Adel erkannte man am Pferdestall; das Statussymbol unserer Gesellschaft, das Auto, ist ein Konstrukt aus berechenbaren PS und der Größe des Hubraums, es gibt seinen Adel durch Zahlen auf dem Heck zu erkennen; das Lieblingsspielzeugs des Adels war die

Waffensammlung, das der neuen Gesellschaft ist der Computer, dessen Leistung sich nach Megabyte errechnet.

Zählen ist seit je die volkstümliche Leidenschaft schlechthin. Die Kalender, die die Fürsten in früheren Jahrhunderten an ihre Untertanen verkauften – noch Hebels *Schatzkästlein* stammt aus dieser Tradition –, waren voll von Zahlen, Maßen, Gewichten, Jahreszahlen von Geburts- und Todestagen, von Schlachten, Siegen und Niederlagen. Rabelais führt die Zahl als Merkmal der niederen, der volkstümlichen Gattung in seinen komischen Roman ein und läßt seinen Helden mit dem größten Maul und dem kleinsten Hirn geradezu in Zahlen ersaufen. Die Zahl ist dem Volk so nützlich wie das Handwerkszeug, seine praktische Vernunft bedient sich ihrer wie Hammer und Meißel, um aus dem Chaos der Wirklichkeit Figuren auszuschneiden, die sie begreift. Gerade deshalb sind Zahlen ein Mittel der Aufklärung. Je aufdringlicher Informationen werden, die über ein vertrautes Alltagswissen hinausgehen, desto mehr braucht es eindeutige Raster, die der Neuigkeit Kontur geben, denn angesichts der Masse der Nachrichten ist längst jeder zum Tölpel geworden.

Zahlen modellieren Skulpturen, die nicht mehr heilig sind. Tabellen sind Bozzetti, Gestaltungsversuche, die wieder verworfen werden können. Deshalb war das Zählen, sobald es in den Bereich der Religion eindrang, die Möglichkeit, ihre Herrschaft zu hintertreiben. Die Höllenstrafe währt unendlich, meßbar aber ist die Strafe im Fegefeuer: bestimmte Sünden hatten eine Bestimmte Anzahl von Jahren des Duldens zur Folge, die außerdem durch Ablässe verkürzt werden konnten. Jacques Le Goff sieht einen Zusammenhang zwischen der „Geburt des Fegefeuers" und dem Ursprung des Denkens in Zahlen:

Die Zahlen wurden neu gesehen, da das Purgatorium ein Kalkül in die Eschatologie einführte, das nicht in den Bereich der symbolischen Zahlen oder der Abschaffung allen Maßes in der Ewigkeit gehört, sondern vielmehr eine ganz realistische Rechnung, die der Justiz, war. Das Purgatorium ist keine ewige, sondern eine zeitliche Hölle.[3]

Der Zusammenhang der Emanzipation aus religiösen Vorstellungen, Zählen, Rechnen und Geldverkehr ist historisch evident:

Ein wichtiger Gemeinplatz des Mittelalters, die Weltverachtung [...] verlor zunehmend an Bedeutung. Diese Haltung wurde vor allem in den Klöstern gepflegt [...] und wandelte sich mit der zunehmenden Bindung an irdische Güter, die mit dem schöpferischen Aufschwung der Epoche einherging.[4]

Das Fegefeuer ist ein Handel mit Gott. Wer aber die Buchhaltung im Himmel einführt, hat ihn schnell abgeschafft. Die Zahl verspricht ein endliches, der Himmel ein unendliches Heil, und der Sterbliche entscheidet sich nun einmal lieber für die Endlichkeit. Die Zahlen haben alle Freuden und Qualen von Himmel und Hölle absorbiert. Nie würde eine vernünftige Rechnung faszinieren. Die Zahl, soll sie den Menschen glücklich machen, muß Katastrophen oder Wunder ankündigen, nur ihr Anteil am Numinosen macht sie spannend. Da alles Zählbare aber nur Teil des Unendlichen ist, veranstaltet der Zählende eigentlich immer einen Angriff auf einem jenseitigen Spielfeld. Zählen ist ein Denksport, der Handlungen und Ereignisse von gefährlicher Dimension handlich macht. Wer zählt, lebt im diesseitigen Fegefeuer wie im Himmel.

Ulrich Schulz-Buschhaus

Anleitungen zum tadellosen Sprachgebrauch

Jede sprachliche Äußerung setzt, um verstanden zu werden, die in der Regel unbewußt wirkende Funktion einer Grammatik voraus. Indessen sind die Gesetzmäßigkeiten, denen alle Rede unterliegt, nicht allein grammatikalischer Natur. Es gereicht der Rede auch zum Vorteil, wenn sie sich an bestimmte diskursive Übereinkünfte hält, welche ihren kommunikativen Effekt beträchtlich steigern oder – bei eventueller Nichtbeachtung – sabotieren können.

Den Geltungsbereich oder gar die konkrete Gestalt solcher diskursiven Übereinkünfte festzustellen fällt freilich nicht leicht. Im Hinblick auf die bekannten Saussureschen Kategorien wäre der „discours" zwischen „langue" und „parole" zu verorten, als eine Instanz, welche die individuelle Rede zwar nicht so strikt begrenzt, wie es das Sprachsystem tut, sie aber doch durch subtilere Regelungen steuert und kontrolliert. Das Ziel dieser Kontrollen besteht in der Sicherung gesellschaftlicher Akzeptabilität: Eine diskursiv wohlgeformte Äußerung darf damit rechnen, nicht nur wie die grammatisch korrekte Rede verstanden, sondern darüber hinaus von einer Mehrheit freudig begrüßt zu werden.

Die Regeln des Diskurses, die dem Sprecher kommunikative und konsensstiftende Kompetenz garantieren, erscheinen folglich als wichtiger Bestandteil eines rhetorischen Wissens. Dabei geht es darum, sich eines mehr als bloß richtigen, nämlich angemessenen Sprachgebrauchs zu befleißigen: Er muß zu der jeweils gegebenen Kommunikationssituation passen, der Gattung, Textsorte oder dem Medium entsprechen, die vorgeschriebenen Termini einer Disziplin berücksichtigen, die herrschenden politisch-ideologischen Gebote und Verbote beachten. Selbstverständlich wirken die Regeln, die hier zu befolgen sind, nicht ähnlich zwingend wie jene der Grammatik; doch gerade weil sie flexibler und weniger genau definiert erscheinen, verlangen sie ein um so höheres Maß an individueller Aufmerksamkeit. Nicht jeder wird kontinuierlich über die nötige Konzentration verfügen, um allseits angemessen zu reden, und so eignen sich Diskursregeln noch mehr als Sprachregeln dazu, ein ideales gesellschaftliches Selektionsinstrument abzugeben, das heißt: die Spreu der unerfreulichen und peinlichen vom Weizen der erfreulichen und förderungswürdigen Zeitgenossen zu trennen.

In allen Lebenslagen das diskursiv Opportune zu tun ist demnach eine zugleich heikle und überaus bedeutsame Angelegenheit. Zwar wissen wir, daß es bei jedem Thema unsichtbare Grenzen gibt, welche das Sagbare passieren lassen und das Unsägliche fernzuhalten versuchen. Wir kennen aber kaum Grammatiken der Diskurse, die das jeweils Sagbare ebenso explizit festlegten wie die Grammatiken der Sprache eine Verbform oder einen Kasus. Immerhin hat man gelegentlich Ansätze zu solchen Handbüchern unternommen, die dann allerdings eher in der Form von Lexika als in der Form eigentlicher Grammatiken auftreten.

Für das Spezialgebiet der Dichtung kommt der hier angesprochenen Aufgabe wohl der Typus eines Repertoriums von Epitheta am nächsten, als dessen berühmtestes Exemplar das *Epithetorum opus absolutissimum* des Johannes Ravisius Textor zu nennen wäre. Es sammelt zu alphabetisch geordneten Nomina die angemessenen Epitheta, also gleichsam approbierte Adjektive, welche in der römischen oder der humanistischen Dichtung jeweils mit einem bestimmten Substantiv verbunden worden sind. Der Zweck eines solchen Verzeichnisses liegt offensichtlich darin, die „copia verborum" aktuell oder zukünftig aktiver Schriftsteller zu steigern und gleichzeitig in plausible, allgemein verständliche und anerkannte Bahnen zu lenken. Wer in einer Schrift beispielsweise das Land „Italia" erwähnen möchte, lernt aus dem Ravisius Textor, daß er die Erwähnung durch Adjektive wie „magna, pulchra, fortunata" oder „populosa" begleiten darf. Wer statt dessen von „Germania" spricht, erfährt, daß für dieses Land andere Adjektive angesagt sind: „horrida, perfida, atrox, dira, fera, barbara oder stupefacta".

Große Originalität werden die Autoren, welche die Epitheta des Ravisius Textor geschickt kombinierend über ihre Texte verteilten, mit Sicherheit nicht entwickelt haben; doch blieben sie andererseits auch davor bewahrt, grobe Fehler zu begehen, und konnten des Beifalls aller Verständigen deshalb unwandelbar gewiß sein. Solange vom Schriftsteller keine neuartig verblüffenden Wendungen oder riskant abweichenden Meinungen erwartet wurden, war der Ratgeber in Sachen treffender Beiwörter ein eminent nützliches Hilfsmittel, das für ordentlichen Ausdruck und – daraus folgend – für soziale Stabilität sorgte. Erst als die Dichter sich etwa zwei Jahrhunderte später mit der Erwartung konfrontiert sahen, in der Öffentlichkeit den Charakter eines Genies hervorzukehren, konnte man mit solch praktischen Diskursregelungen nicht mehr allzuviel anfangen, jedenfalls nicht mehr in vollem Ernst. Was einst als beruhigender „locus communis" galt, erregte nun zunehmend nervöse Irritation und fiel schließlich einer ostentativen Verachtung anheim, die im vorschriftsmäßigen Epitheton den Inbegriff von Phrase und „idée reçue" wahrnahm.

Wenn die Literatur der Moderne – in allerdings aufgelockerten und reich variierten Formen – an ein Repertorium wie das *Epithetorum opus* anknüpfte, geschah das folglich nicht länger mit der Absicht praktischer rhetorischer Unterweisung. Genau umgekehrt geht es etwa in Flauberts *Dictionnaire des idées reçues* darum, die „opinion publique" als Diskurs der Majorität zu stigmatisieren oder zumindest auf Distanz zu bringen. Die erprobten Junkturen von Nomina und Epitheta spielen bei Flaubert im übrigen nur noch eine untergeordnete Rolle, wenn es zum Beispiel heißt: „Alle jungen Mädchen sind ‚blaß' und ‚zerbrechlich'" (dagegen vom „HENGST immer ‚kraftvoll'") oder wenn dem Glück, der „Félicité", nachgesagt wird: „Ist immer ‚vollkommen'". Häufiger folgen auf die Lemmata Redensarten („FREIHEIT ‚Wieviel Verbrechen werden noch in ihrem Namen begangen!'"), Definitionen („SCHAM Die schönste Zierde der Frau") und insbesondere Anweisungen zu bestimmten kommentierenden Sprachhandlungen: „GELEHRSAMKEIT Als Zeichen eines gelehrten Geistes zu verachten" oder „GENIE Immer betonen: ‚Genie ist eine Neurose!'" (womit Flaubert, nebenbei gesagt, seinen Biographen Sartre antizipiert).

Vor allem durch die diskursiven Handlungsanweisungen wird das Ausmaß deutlich, in dem sich für Flaubert gerade die alltägliche sprachliche Interaktion als ein gesellschaftlich präformiertes Regelwerk darstellt. Freilich mag der Flaubertsche *Dictionnaire des idées reçues*, wenn man ihn schlechthin zum Symptom der kulturellen Moderne erklärt, beim Leser auch gewisse Illusionen erzeugen. Der Leser kann nämlich auf den Gedanken kommen, in der Äußerung solcher Gemeinplätze eine exklusive Spezialität des von Flaubert perhorreszierten Bourgeois – sagen wir: des aus *Madame Bovary* bekannten fortschrittlichen Apothekers Homais –

zu erblicken. Außerdem wird er angesichts der Fortune, die dem Genre der kritischen Meinungsenzyklopädie und Phrasensammlung seit Flaubert über Léon Bloy oder Karl Kraus bis zu Eckhard Henscheid zuteil wurde, vielleicht glauben, daß der Hohn über vorschriftsmäßige Epitheta und Ansichten nicht folgenlos geblieben sei und wenigstens die Schicht der Intellektuellen inzwischen weithin immunisiert habe.

Keine Illusion wäre indessen trügerischer als diese. Wer jemals an der Sitzung einer akademischen Kommission, vorzugsweise aus dem Bereich philosophischer bzw. kulturwissenschaftlicher Fakultäten, teilgenommen hat, dürfte wissen, daß es sich exakt andersherum verhält: daß also 1.) der universitäre Intellektuelle sich im Gehorsam gegenüber diskursiven Sprachregelungen von keinem Vertreter anderer bürgerlicher Professionen übertreffen läßt und daß 2.) der zwanglose Zwang, den die Figuren des Formulierungs- und Meinungskonsenses auf ihn ausüben, von Jahr zu Jahr zwingender und dichter geworden ist. Ohne exzessiv zu pointieren, könnte man sogar von einem spezifischen Konformismus sprechen, welcher den akademischen Geistesarbeiter kennzeichnet und ihm aus guten Gründen identitätsstiftend, ja überlebensnotwendig erscheinen muß. Herzlos und ungerecht wäre es, mit dieser Feststellung einen Vorwurf in der Tradition altmodischer Modernität zu verbinden; denn die guten Gründe, die zur treuen Befolgung des Dekorums motivieren, sind ja zahlreich genug. Man denke beispielsweise an die reale Machtlosigkeit des Intellektuellen, die sich in dem Maße zu vergrößern droht, in dem er vom etablierten Diskurs abzuweichen sucht, weshalb die einzige und letzte Wirkungschance, welche ihm gewöhnlich verbleibt, auf die gleichsam priesterliche Macht eines Wächters und Warners hinausläuft, der so aufmerksam wie kein anderer die Korrektheit des politisch-ideologischen Sprachgebrauchs hütet. Dazu kommt die aktuelle Situation der akademischen Bildungsanstalten, die angesichts ihrer demokratischen Öffnung im deutschsprachigen Mitteleuropa so dringlich wie nie zuvor angehalten sind, sich gegenüber den Autoritätsinstanzen von Medien, Wirtschaft und Politik zu rechtfertigen, was immer auch bedeutet: so folgsam wie parasitär deren Diskurs einzuüben und nachzusprechen.

Selbstverständlich steht die derart induzierte Konformität der Intellektuellen in einer Spannung zu ihren gewissermaßen professionsinternen Distinktionsanforderungen, denen sie sich traditionell gleichfalls ausgesetzt sehen. Zu ihrem Glück haben diese gegenläufigen Postulate jedoch allmählich an Dringlichkeit verloren, jedenfalls was den eben akzentuierten deutschsprachigen Raum betrifft. Damit die Kriterien von Distinktion und riskanter Abweichung zur Geltung kommen können, benötigen Universitäten oder intellektuelle Milieus überhaupt eine institutionelle Unabhängigkeit und Autonomie, wie sie die Welt der „rive gauche" oder den Campus von Yale oder Harvard charakterisieren mag. In Mitteleuropa existieren dagegen seit langem andere Verhältnisse, unter denen der akademische Intellektuelle sich wohl gespannt zu bemühen hat, dem jeweils angesagten Diskurs gerecht zu werden, aber gleichzeitig auf beruhigende Weise davon entlastet ist, sich noch durch eigene Formulierungen mit unbequemer Mühsal zu distinguieren.

Freilich kann die nachlassende Urgenz von Distinktionsanforderungen nicht besagen, daß der akademische Geistesarbeiter (oder besser: Kulturschaffende) es nunmehr ganz leicht hätte. Gewiß wird ihm kaum noch angesonnen, in den Humaniora etwas Originelles zu bieten; doch sind dafür offenkundig die Anforderungen gewachsen, welche sich auf die Demonstration diskursiver Orthodoxie beziehen. Dabei liegt – wie oben schon skizziert – die Schwierigkeit darin, daß die Inhalte einer solchen Orthodoxie niemals völlig evident zutage treten und daß sie auch selten über längere Zeit gültig bleiben. Das heißt: Wenn die Sätze der Orthodoxie nicht – wie im Fall der Bewegung einer „political correctness" – ausnahmsweise einmal mit eklatanter Energie dekretiert werden, wirken sie im allgemeinen sowohl opak als auch einigermaßen instabil.

Deshalb meine ich, daß der Versuch eines „Epithetorum opus novissimum" sich heute durchaus lohnen könnte, um insbesondere Nachwuchsintellektuelle und -wissenschaftlerInnen mit effizientem Rat für jenen guten Ton auszurüsten, der die Gesprächsatmosphäre unserer akademischen Gremien und Zirkel gegenwärtig stärker als in irgendeiner Vergangenheit bestimmt. Was in meinem kleinen Wörterbuch folgt, soll dazu einige Anregungen geben, bei denen ich mir vorstelle, daß sie sich – recht memoriert – während Diskussionen oder auch während entspannter Unterhaltungen nach Berufungsvorträgen als nützlich erweisen dürften.

Jedenfalls bin ich von der Karriereförderlichkeit der hier versammelten Wendungen und Meinungen ernsthaft überzeugt. Und weshalb sollte in einem Buch, das „Strategien der Verdummung" betrachtet, nicht auch ein extravaganter Solitär auftauchen, der den Dummen oder vielmehr Naiven Wege weist, sich gewitzt und kundig zu machen? Einschränkend muß indes gleich hinzugefügt werden, daß der eventuelle Erfolg, den dies „opus novissimum" verspricht, an enge zeitliche Grenzen gebunden ist. Sprachregelungen haben in der aktuellen Medienwelt zwar machtvollere Effekte als jemals zuvor, doch können sie sich auch rascher als einst üblich verändern. So mag es nicht gleichgültig sein, das „opus novissimum" mit einem bestimmten Datum zu versehen. Es entstand im April 1999, und im nächsten Jahrtausend wird es wohl bald als ein historisches Dokument erscheinen.

Adorno:	Bekannter Vorläufer der Theorie kommunikativer Ethik, nicht frei von elitären Zügen, stellenweise antiamerikanisch. – Wichtig wegen seiner These, es sei barbarisch, nach Auschwitz ein Gedicht zu schreiben.
Ausbildung:	Kurz, praxisnah, interdisziplinär.
Auslegung:	Nachträglich und vorläufig.
Begriff:	Immer ein erweiterter, speziell von Text und Kultur.
Bildung:	Bürgerlich, obsolet, längst an ein Ende gekommen.
Bildungsbürger:	Museale Gestalt auf deutschem Sonderweg; gleichwohl noch unbewältigtes Gefahrenpotential.
Biologie:	Produziert im Verbund mit Computersimulation Weltwissen.
Bundesrepublik:	Protagonistin einer Erfolgsgeschichte.
Bündnisfähigkeit:	Essenz der deutschen Staatsraison.
Computersimulation:	Produziert im Verbund mit Biologie Weltwissen.
DFG:	Deutsche Agentur von Weltwissen.
Demokratien:	Große westliche; daneben ein paar neue von meist kurzer Dauer.

Deutschland:	Land der Täter; gefährdeter Standort.
Elfenbeinturm:	Synonym für Universität vor ihrer Reform.
EU:	Von ihr profitiert Deutschland am meisten.
Eurozentrismus:	Undurchschaut.
Foucault:	Brillant, antihumanistisch, gefährlich.
Gäste:	Handverlesen.
Gedächtnis:	Ihm ist die Treue zu halten, soweit es das Eingedenken von fremdem Leid sichert.
Geheimnis:	Unaussprechlich.
Geisteswissenschaften:	In seit langem schwelender Legitimationskrise befangen; erfordern ein neues Paradigma.
Gender:	Konstruiert.
Globalisierung:	Zu Unrecht gefürchtet; Prämisse von Individualisierung; Produktivkraft neuer Literatur.
Habermas:	Langweilig, aber gut; hat die Kritische Theorie zur Vollendung und zum Einverständnis geführt.
Handlungsanweisung:	Wurde einst in literarischen Texten vermißt und durch Rahmenrichtlinien gesichert; heute fragwürdig geworden.
Heidegger:	Durch Derrida de-nazifiziert; jetzt unschädlich.
Hermeneutik:	Geeigneter Anlaß für Distanznahme.
Hitler:	Typischer Urheber singulärer Verbrechen; setzt jedes Epitheton außer Kraft.
Individualisierung:	Konsequenz von Globalisierung.
Interpretation:	Totalisierend.
Interview:	Überflüssig.
Konzept(e):	Theoretisch weiterführend.
Kultur:	Veraltet; positivierbar nur als Kompositum.
Kulturindustrie:	Vormals beliebtes antiamerikanisches Schlagwort aus dem Geist des Kulturpessimismus.
Kulturmanagement:	Kreativ.

Kulturwissenschaft:	Innovativ; neues Paradigma.
Lektüre:	Dekonstruktiv.
Literatur:	Epiphänomen der Printmedien; kann mit elektronischen Medien bei Bedarf kompatibilisiert werden.
Luhmann:	Geistreicher Autor frivoler theoretischer Glasperlenspiele; zynisch, daher tendenziell gefährlich.
Markt:	Ökonomischer Aspekt der Menschenrechte.
Massenmedien:	Von Kulturkritik diffamiert.
Materialität:	Auf Schrift, Text oder Kommunikation zu beziehen, von konventioneller Literaturwissenschaft verdrängt, in Wahrheit unhintergehbar.
Menschenrechte:	Hauptmotiv westlicher Politik; ethischer Aspekt der Handelsfreiheit.
Metaphysik:	Verabschiedet.
Musical:	Boom klingt aus; Verlust von Arbeitsplätzen.
Mythos:	Kraftlos.
Nato:	Friedenstiftende Wertegemeinschaft, der Demokratie und den Menschenrechten verpflichtet. – Natotruppen stehen in idealtypischer Opposition zur Wehrmacht.
Opernhaus:	Außerordentlicher Luxus; für Zwecke demokratischer Repräsentation mit Einschränkungen bewahrenswert.
Opposition(en):	Als binäre unbedingt zu dekonstruieren.
Paradigma:	Neu und möglichst integral; als ein kulturwissenschaftliches noch gesucht.
Pazifismus:	Blauäugig; nach gewissen Politikern (Querdenkern) mitverantwortlich für Auschwitz.
Phallus:	Signifikant des Mangels.
Philologie:	Eng, rückwärtsgewandt.
Politik:	Zukunftsorientiert, nachhaltig, leider oft latent wirtschaftsfeindlich.

Politiker:	Dialogbereit, teamfähig.
Professor:	Konservativ, faul (von Ausnahmen abgesehen).
Querdenker:	Medial approbierter Politiker, dem häufiger Beifall zuteil wird.
Schmitt, Carl:	Unsäglich, aber oft spannend. Von der Rechten und vereinzelten aparten Linken gelesen.
Signifikant(en):	Phallus (wenn Singular); flottierend, mobil (wenn Plural).
Signifikation:	Nicht arretierbar.
Sonderweg:	Deutscher; beendet durch die Westintegration.
Sowjetunion:	Ehemalige Hegemonialmacht in der Epoche des Kalten Kriegs; Grund für damals verbreiteten Antikommunismus.
Struktur(en):	Verborgen (wenn Singular); verkrustet (wenn Plural).
Tagung:	Hochkarätig besetzt.
Talk-Show:	Symposion ohne (platonische) Diskurspolizei.
Übersetzung:	Aus dem Amerikanischen.
Universität:	Reformbedürftig, marktfern.
Urgestein:	Früher gab es politisches; heute nur noch Basis für Riesling.
USA:	Friedensmacht und Ordnungsfaktor; Heimat der Menschenrechte; Opfer des Antiamerikanismus.
Wahnsinn:	Kann – vor entsprechendem Publikum – als diskursiver Effekt psychiatrischer Praktiken (auch: Praxen) bezeichnet werden.
Wehrmacht:	Kriegtreibende Vernichtungsmaschine. – Steht in idealtypischer Opposition zu Natotruppen.
Weltwissen:	Synthese von Biologie und Computersimulation.
Werbung:	Literatur in der Ära von Markt und Globalisierung.

Werte:	Immer demokratisch und freiheitlich.
Westintegration:	Fand in der Bundesrepublik Deutschland politisch nach 1945, kulturell nach 1968 statt; Ende des deutschen Sonderwegs.
Zeichen:	Gespalten, referenzlos, zugleich vieldeutig.

Anmerkungen

Peter V. Zima

Wie man gedacht wird

Die Dressierbarkeit des Menschen in der Postmoderne

1 J. Becker, *Ränder*, in: ders., *Felder-Ränder-Umgebungen*, Frankfurt/M. 1983, S. 232.
2 Th. W. Adorno, *Minima Moralia. Reflexionen aus dem beschädigten Leben*, Frankfurt/M. 1951, S. 57.
3 M. Horkheimer, Th. W. Adorno, *Dialektik der Aufklärung*, Amsterdam 1947, S. 20.
4 Th. W. Adorno, *Kritik. Kleine Schriften zur Gesellschaft*, Frankfurt/M. 1971, S. 150.
5 M. Foucault, *Structuralisme et poststructuralisme* (1983), in: ders., *Dits et écrits*, Bd. 4, Paris 1994, S. 439.
6 L. A. Fiedler, *Überquert die Grenze, schließt den Graben!*, in: W. Welsch (Hg.), *Wege aus der Moderne. Schlüsseltexte der Postmoderne-Diskussion*, Weinheim 1988, S. 62.
7 Th. W. Adorno, *Minima Moralia*, S. 128.
8 U. Eco, *Nachschrift zum „Namen der Rose"*, München 1986, S. 82.
9 *Bild-Zeitung*, 22. 12. 98, S. 1.
10 Trotz Kulturindustrie und medialer Manipulation setzt sich Jauß in *Ästhetische Erfahrung und literarische Hermeneutik*, Frankfurt/M. 1982, S. 253, für „ästhetisches Vergnügen" ein.
11 U. Eco, *Das offene Kunstwerk*, Frankfurt/M. 1977, S. 288: „(...) Man kann die Entfremdung nur dadurch aufhellen, daß man sie verfremdet, sie in einer sie reproduzierenden Form objektiviert."
12 L. Althusser, *Positions*, Paris 1976, S. 122.
13 Vgl. J.-P. Faye, *Théorie du récit. Introduction aux „langages totalitaires"*, Paris 1972.
14 S. zur Nieden, „*Ach, ich möchte (...) eine tapfere deutsche Frau werden. Tagebücher als Quelle zur Erforschung des Nationalsozialismus*", in: Berliner Geschichtswerkstatt (Hg.), *Alltagskultur, Subjektivität und Geschichte. Zur Theorie und Praxis von Alltagsgeschichte*, Münster 1994, S. 181.
15 M. Jäger, Rez. zu G. Mattenklott, *Der übersinnliche Leib. Beiträge zur Metaphysik des Körpers*, in: *Das Argument* Nr. 139, Mai–Juni, 1983, S. 437.
16 Vgl. P. Bourdieu, *Ce que parler veut dire*, Paris 1982.
17 *Programmzeitschrift Neues Volkskino* Nr. 122, Klagenfurt, Dezember 1988, S. 3.
18 H. Klüche, *Polyglott-Reiseführer „Island"*, München 1996, S. 51.

19 J. Becker, *Felder-Ränder-Umgebungen*, S. 256 und S. 260.
20 S. Mallarmé, *Vers et prose*, Paris 1961, S. 168. [Übersetzungen des Verfassers]
21 Th. W. Adorno, *Der Artist als Statthalter*, in: ders., *Noten zur Literatur I*, Frankfurt/M. 1958, S. 193.
22 Vgl. W. Benjamin, *Versuche über Brecht*, Frankfurt/M. 1971, S. 19. Von der die Handlung unterbrechenden Geste heißt es dort beispielsweise: „Die Geste demonstriert die soziale Bedeutung und Anwendbarkeit der Dialektik." Wie unsinnig es ist, Benjamin für eine volkstümliche Postmoderne zu reklamieren, zeigt die folgende Passage: „Das epische Theater stellt den Unterhaltungscharakter des Theaters in Frage; es erschüttert seine gesellschaftliche Geltung, indem es ihm seine Funktion in der kapitalistischen Ordnung nimmt (...)." (S. 17)
23 P. Bourdieu, *Sur la télévision – suivi de: L'Emprise du journalisme*, Paris 1996, S. 73.
24 Ebd., S. 55.
25 *TV-Media*, Nr. 2, 9.–15. 1. 99, S. 5.
26 Ebd, Nr. 2, 9.–15. 1. 99, S. 14.
27 *Frankfurter Allgemeine Zeitung*, 1. 3. 98, S. 3.
28 *International Herald Tribune*, 11. 9. 97, S. 10.
29 N. Luhmann, *Soziale Systeme. Grundriß einer allgemeinen Theorie,* Frankfurt/M. 1987, S. 111.
30 Zum (ursprünglich Greimasschen) Begriff des „mythischen Aktanten" siehe: P. V. Zima, *Ideologie und Theorie. Eine Diskurskritik,* Tübingen 1989, Kap. VIII (darin vor allem: „Mythische Aktanten: ‚énonciation'" und „Mythische Aktanten: ‚énoncé'").
31 N. Luhmann, *Soziale Systeme*, S. 103–104.

Martin Doehlemann

Dumme Sinnsysteme
Ausflucht und Zuflucht

1 Ch. Richet, *Der Mensch ist dumm. Satirische Bilder aus der Geschichte der menschlichen Dummheiten*, o. O. 1922.
2 E. Morin, *Das Rätsel des Humanen*, München/Zürich 1974.
3 S. J. Gould, *Illusion Fortschritt. Die vielfältigen Wege der Evolution*, Frankfurt/M. 1998.
4 F. M. Wuketits, *Naturkatastrophe Mensch. Evolution ohne Fortschritt*, Düsseldorf 1998.
5 I. Eibl-Eibesfeldt, *In der Falle des Kurzzeitdenkens*, München/Zürich 1998.
6 Erasmus von Rotterdam, *Das Lob der Torheit*, Stuttgart 1992.
7 In: K. Böhme, *Aufrufe und Reden deutscher Professoren im ersten Weltkrieg*, Stuttgart 1975, S. 56 ff.
8 In: K. Böhme a. a. O., S. 65 ff.

9 Zitiert nach K. Schwabe, *Wissenschaft und Kriegsmoral. Die deutschen Hochschullehrer und die politischen Grundfragen des ersten Weltkrieges*, Göttingen 1969, S. 28.
10 Phillip Lenard, *Deutsche Physik*, München 1936, S. IX f.
11 H. Dingler, *Von der Tierseele zur Menschenseele*, Leipzig 1941, 3. Aufl. 1943, S. 393.
12 A. D. Sokal: *Transgressing the Boundaries – Toward a Transformative Hermeneutics of Quantum Gravity*, in: *Social Text* 46/47, Bd. 14, Nr. 1 u. 2, Frühjahr/Sommer 1996, S. 242 f.
13 Werbefilme im Fernsehen, Zeitungsbeilagen 1998.
14 Ebd.
15 Aus: *Raub der Kindheit*, in: *Der Spiegel* 17/1997 vom 21.4.1997, S. 86 ff.
16 Zusammengestellt in *Prisma*. Wochenmagazin zur Zeitung, Nr. 23/1997, S. 5.
17 Aus einer Zusammenstellung in *DIE ZEIT* Nr. 25 vom 10. 6. 1998, S. 49.
18 Kritisch dazu R. Eickelpasch, *Postmoderne Gesellschaft*, in: G. Kneer u. a. (Hg.), *Soziologische Gesellschaftsbegriffe*, München 1997, S. 16, 28.
19 Ein Münchner Nachrichtenmagazin wirbt mit dem Wort „infolektuell" und verspricht „Fakten. Fakten. Fakten." – „Information statt Indoktrination." Daß Fakten immer auch ein Ergebnis von Konstruktion und Interpretation sind, scheint diesen neuen Intellektuellen nicht weiter bedenkenswert zu sein.
20 H. v. Hentig, *Der Computer ist nur Knecht. Er darf nicht zum Schulmeister werden*, in: *DIE ZEIT* Nr. 39 vom 19. 9. 1997, S. 50.
21 C. Goldner, *Psycho. Therapien zwischen Seriosität und Scharlatanerie*, Augsburg 1997, S. 101; B. Venediger, *Einweihung in die esoterischen Lehren*, Freiburg i. Brsg. 1994, S. 19.
22 H.-D. Leuenberger, *Das ist Esoterik. Einführung in esoterisches Denken*, Freiburg i. Brsg. 7. Aufl. 1994, S. 61; der lateinische Begriff bei Venediger ebd.; im übrigen gehört Smaragd in der biblischen Offenbarung zu den Grundsteinen des himmlischen Jerusalem.
23 Gemäß dem verbreiteten *New-Age-Wörterbuch* von E. Gruber und S. Fassberg, 2. Aufl. 1988, S. 129.
24 Franz Alt in: *Der Gesundheitsberater* 12/1986, zit. nach J. Ditfurth, *Entspannt in die Barbarei. Esoterik, (Öko-)Faschismus und Biozentrismus*, Hamburg 1996, S. 14.
25 Zitiert von H. Platta, *New-Age-Therapien. Rebirthing, Reinkarnation, Transpersonale Psychologie: pro und contra*, Reinbek 1997, S. 151.
26 Vgl. z. B. die Gespräche von H. Platta a. a. O. mit verschiedenen Therapeuten.
27 B. Venediger a. a. O. S. 27.
28 Vgl. Gesprächsaussagen bei H. Platta a. a. O., S. 39, 55, 81.
29 Ch. Türcke, *Die Sensationsgesellschaft*, in: *DIE ZEIT* Nr. 35 vom 26. 8. 1994, S. 32.
30 Die Behauptung „Fernsehen verblödet die Zuschauer" wurde 1995 bei einer Befragung von 51 % der (repräsentativ ausgewählten) Bundesbürger bejaht (*STERN* Nr. 36 vom 31. 8. 1995, S. 136).
31 10 % der Zuschauer hielten es bei einem Kanal nicht länger als 4 1/2 Minuten aus (*Frankfurter Rundschau* Nr. 149 vom 30. 6. 1995, S. 11).

32 In Karl Simrocks bekannter Sammlung deutscher Sprichwörter von 1846 steht: „Spaß muß sein sagte Hans und kitzelte Greten mit der Mistgabel."
33 Vgl. H. Ernst, *Kinder-Country. Auf dem Weg in die infantile Gesellschaft*, in: *Psychologie Heute*, 24. Jg. 1997, H. 8, S. 33.
34 Umfassender behandelt in der Arbeit von M. Doehlemann: *Dummes Zeug. Zur kulturellen Konstruktion von Unsinn*, Münster/New York/München/Berlin 2001.

Uwe Wirth

Diskursive Dummheit

1 K. Kraus, *Magie der Sprache*, Frankfurt/M. 1974, S. 43.
2 Vgl. U. Wirth, *Diskursive Dummheit. Abduktion und Komik als Grenzphänomene des Verstehens*, Heidelberg 1999.
3 M. Foucault, *Archäologie des Wissens*, Frankfurt/M. 1986, S. 34.
4 I. Kant, *Kritik der reinen Vernunft*, Frankfurt/M. 1974, S. 185.
5 I. Kant, *Schriften zur Anthropologie*, Frankfurt/M. 1977, S. 516.
6 H. Geyer, *Über die Dummheit. Ursachen und Wirkungen der intellektuellen Minderleistungen des Menschen*, Wiesbaden 1954, S. 55f.
7 Ch. S. Peirce, *Collected Papers*, Bd. 6 (1931–1935), hrsg. von Ch. Hartshorne und P. Weiß, Bde. 7 und 8 (1958), hrsg. von A. W. Burks, 2.634. (Zitiert wird nach Band und Abschnitt).
8 Ebd., 7.220.
9 Ebd., 5.600.
10 N. Rescher, *Warum sind wir nicht klüger? Der evolutionäre Nutzen von Dummheit und Klugheit*, Stuttgart 1994, S. 40.
11 Ch. S. Peirce, *Collected Papers*, 2.662.
12 A. Glucksmann, *Die Macht der Dummheit*, Frankfurt/M./Berlin 1988, S. 177.
13 R. Musil, *Über die Dummheit*, in: *Gesammelte Werke. Prosa und Stücke*, Hamburg 1978, S. 1287.
14 K, Tucholsky, *In der Hotelhalle*, in: *Und Überhaupt ... Eine neue Auswahl,*. hrsg. von M. Gerald-Tucholsky. Hamburg 1953, S. 12.
15 S. Freud, *Der Witz und seine Beziehung zum Unbewußten*, in: *Studienausgabe, Bd. 4: Psychologische Schriften*, Frankfurt/M. 1970, S. 182.
16 Ebd.
17 H. Bergson, *Das Lachen. Ein Essay über die Bedeutung des Komischen*, Darmstadt 1988, S. 52.
18 M. Foucault, *Überwachen und Strafen. Die Geburt des Gefängnisses*, Frankfurt/M. 1994, S. 280.
19 A. Glucksmann, *Die Macht der Dummheit*, S. 186.
20 P. Bourdieu, *Über das Fernsehen*, Frankfurt/M. 1998, S. 45.
21 Ebd., S. 39.
22 G. Flaubert, *Wörterbuch der Gemeinplätze*, München 1985, S. 15.
23 Jean Paul, *Von der Dummheit*, in: *Sämtliche Werke. Abteilung II. Jugendwerke und vermischte Schriften*, Bd. 1, München 1974, S. 267.

24 E. Friedell und A. Polgar, *Goethe und die Journalisten*, hrsg. von H. Illig. Wien/München 1986, S. 103.
25 Rescher, *Warum sind wir nicht klüger?*, S. 80.

Jürgen Wertheimer

Geklonte Dummheit:
Der infantile Menschenpark

1 Aus der Rede des Bundeskanzlers Schröder zu Neujahr 2000.
2 L. Silver, in: *Der Spiegel*, 1/2000, S. 147.
3 Gefunden in: www.eliteboy.de.
4 J. Bessing (Hg.), *Tristesse Royal*, Frankfurt/M. 1999.
5 Leserrezension bei amazon.de.
6 Ebd., S. 100.
7 R. Goetz, *Jeff Koons*, Frankfurt/M. 1998.
8 Ebd., S. 41.
9 Ebd., S. 64.
10 Ebd., S. 71.
11 Ebd., S. 120–121.
12 Uraufführung 3. 1. 1999.
13 P. Sloterdijk, *Regeln für den Menschenpark. Ein Antwortschreiben zum Brief über den Humanismus – die Elmauer Rede*, in: *Die Zeit*, Nr. 38 vom 16. 9. 1999.
14 Ebd.
15 T. Assheuer, *Das Zarathustra-Projekt. Der Philosoph Peter Sloterdijk fordert eine gentechnische Revision der Menschheit*, in: *Die Zeit*, Nr. 36 vom 2. 9. 1999.
16 S. Graumann, *Menschen sind keine Mäuse*, in: *Schwäbisches Tagblatt*, Montag 3. 1. 2000.
17 In: *Die Welt* vom 24. 9. 1999.
18 E. Reents, *Nichts lichtet sich. Peter Sloterdijk in Elmau, zweiter Versuch*, in: *Süddeutsche Zeitung* Nr. 294, 20. 12. 1999.

Harry Pross

Priapus und die Esel

Genierliche Glosse zu Genom, Genital, Generation, Genealogie, Genozid und Gentechnik

1 Carl von Linné, *Systema naturae*, Bd. 1, Stockholm 1766.
2 In: Georg Christoph Lichtenberg: *Aufsätze, Satirische Schriften*, hrsg. v. Franz H. Mautner, Bd. 2, Frankfurt/M. 1992.
3 Francis Galton, 1885.

4 Adolph Ploetz, 1895.
5 Albrecht Diehle, *Die Griechen und die Fremden*, München 1994.
6 Harry Pross, *Das Stigma des Fremden*, in: Harald Petri, *Wer oder was ist der Mensch. Die Wissenschaften und das Menschenbild*, (= Schriftenreihe „Praktische Psychologie", Bd. 7), Bochum 1994.
7 Charles Robert Darwin, *On the Origin of Species by Means of Natural Selection, or the Preservation of Favoured Races in the Struggle for Life*, London 1859.
8 Vgl. Ludwig Gumplowicz, *Rechtsstaat und Sozialismus*, Innsbruck 1881, *Der Rassenkampf*, Innsbruck 1883, und *Die sociologische Staatsidee*, Graz 1892.
9 Diese und die folgende aktuelle Mitteilung verdanke ich dem *Humane Genom Survey* des Wissenschaftsredakteurs Geoffrey Carr in *The Economist*, London 2000.
10 Max Scheler, *Über Gesinnungs- und Zweckmilitarismus. Eine Studie zur Psychologie des Militarismus*. In: *Gesammelte Werke*, Bd. 6, hrsg. v. Maria Scheler, *Schriften zur Soziologie und Weltanschauungslehre*, Bern 1963.
11 Ebd., S. 189f.
12 Ebd.

Wolfgang Kemp

Wo Rudi Rüssel einen Lehrstuhl hat

Ein Besuch beim Titelhandel

1 Siehe die drei Artikel von John Bear im Märzheft 2000 von *University Business* und vor allem *Bear's Guide to Earning Degrees Nontraditionally*, 13. Aufl., Benicia 1999. Die ausführliche Darstellung von Steve Levicoff, *Name It and Frame It* ist im Internet unter der Adresse http://levicoff.tripod.com/nifi.htm zu finden. Das degree.net ist die aktuellste Adresse, alle diese Fragen betreffend.
Eine ältere Abhandlung ist: David Wood Stewart, *Diploma Mills: Degrees of Fraud*, New York 1988. In der Bundesrepublik ist Manuel Theisen, Professor für Betriebswirtschaft an der Universität München, die Kapazität in Sachen Titelhandel, s. zuletzt das Interview mit ihm in der *Süddeutschen Zeitung* 20./21. 5. 2000.
In kürzerer Form erschien dieser Text zuerst im Feuilleton der *Frankfurter Allgemeine Zeitung* vom 17. 5. 2000.

Ottmar Ette

Über hergestellte Dummheit und inszenierte Intelligenz

1 *Brockhaus. Die Enzyklopädie in 24 Bänden*, 20., überarb. u. aktual. Aufl., Bd. 6, Leipzig/Mannheim 1997, S. 15.

2 *Meyers Enzyklopädisches Lexikon in 25 Bänden*, 9., völlig neu bearb. Aufl., Bd. 7, Mannheim/Wien/Zürich 1980, S. 304.

3 Ebd.

4 *Encyclopédie ou Dictionnaire raisonné des Sciences, des Arts et des Métiers*. Nouvelle impression en facsimilé de la première édition de 1751–1780, Bd. 8, Stuttgart-Bad Cannstatt 1967, S. 565 (Wo nicht anders vermerkt, stammen alle Übersetzungen vom Verf. des vorliegenden Beitrags).

5 In einer seiner berühmten Greguerías der zwanziger Jahre hat der spanische Avantgardist Ramón Gómez de la Serna am Beispiel des brillentragenden Arbeiters die „intellektuelle" Funktion der Brille in ein gesellschaftskritisches Licht getaucht: „Ein Arbeiter mit Brille ist beklagenswert. Mit Hilfe seiner Brille entdeckt er die Ungerechtigkeit seines Schicksals leichter, er sieht sie besser, er sieht sie wie ein Herr, wie ein Mann der Wissenschaft, wie ein Intellektueller. Diese Arbeiter in blauen Overalls machen die Sklaverei ihrer Kameraden noch trauriger, es scheint, als ob sie eine andere Behandlung verdienten, als ob sie von anderem verstünden und sich aus fatalen Gründen der harten Arbeit widmen müßten. Ihre Brillen erwecken Mitleid, sie lassen sie keine Kameraden finden, und man fürchtet ihren Blick." R. Gómez de la Serna, *Greguerías*, Madrid 1982, S. 227. Freilich nimmt die Zahl der Brillenträger in den westlichen Gesellschaften weiterhin rapide zu, was nicht ohne Auswirkungen auf die Sichtweise dieses Sehwerkzeugs bleiben kann.

6 Man findet diesen Satz freilich immer seltener. Ist dies ein Erfolg früherer „Bildungsoffensiven"? Sind die Doofen ausgestorben? Liegt dies an einem Rückgang der Dummheit oder der Lesefähigkeit? Wie dem auch sei, graffitiartige Kommunikationsformen bedienen sich längst vorwiegend nonverbaler Sprachsimulacra. Mit ihren heute vertrauten Ausdrucksformen wenden sie sich ebenso an Dumme wie an Intelligente, oder genauer: sie haben den Graben zwischen beiden längst zugeschüttet.

7 „Nicht mehr und nicht weniger". Dieses berühmte „Capricho" aus einer für unseren Gegenstand nicht unwichtigen Serie findet sich in F. Goya, *Caprichos – Desastres – Tauromaquia – Disparates*. Textos de Alfonso E. Pérez-Sánchez, Madrid 1979, S. 55. Dort findet sich der Hinweis, daß Goya in einer vorbereitenden Studie die Ohren des porträtierten Esels zunächst kleiner dargestellt hatte, um gerade damit den Versuch einer Verhüllung der Dummheit herauszustellen.

8 H. Schlaffer, *Roland Barthes' Intelligenz*, in: *Merkur* (Berlin) Bd. 1, Januar 1999, S. 62.

9 Ebd.

10 Ebd., S. 64.

11 Ebd.

12 Ebd.

13 Die Texte Roland Barthes' werden in der Folge zitiert nach seinen *Œuvres Complètes*, 3 Bde, Edition établie et présentée par Eric Marty, Paris 1993–1995 unter Angabe von Band- und Seitenzahl direkt im Text; zur Übersetzung vgl. Fußnote 4, hier: Bd. 1, S. 565f.

14 Ebd., Bd. 3, S. 1009.

15 Ebd., Bd. 3, S. 133f.

16 Ebd. Bd. 1, S. 584.

17 Vgl. O. Ette, *Roland Barthes. Eine intellektuelle Biographie*, Frankfurt/M. 1998, Kap. 4.
18 A. Mitscherlich, *Über Feindseligkeit und hergestellte Dummheit – einige andauernde Erschwernisse beim Herstellen von Frieden*. Mit einem Essay von Hans Ebeling, Hamburg 1993, S. 15.
19 A. Glucksmann, *Die Macht der Dummheit*. Aus dem Französischen übersetzt von Thomas Dobberkau und Josef Winiger, Stuttgart 1985, S. 110.
20 Ebd., S. 31.
21 Ebd., S. 30.
22 Ebd., S. 29. Glucksmanns Äußerungen zum Verständnis der „doxa" bei den Griechen (Ebd., S. 14f.) ließen sich leicht mit Barthes' Vorliebe für das Paradoxon in Verbindung bringen.
23 „Statistisch gesehen ist der Mythos rechts. Dort ist er essentiell: wohlgenährt, glänzend, expansiv, geschwätzig, und er erfindet sich ständig neu. Er erfaßt alles: die Formen der Gerechtigkeit, der Moral, der Ästhetik, der Diplomatie, der Haushaltskunst, er erfaßt die Literatur und die Spektakel." (Bd. 1, S. 712)
24 R. Barthes, *Œuvres Complètes*, Bd. 1, S. 713–716.
25 Die Widerständigkeit des Mythos wie der Dummheit belehrte ihn bald eines Besseren. Wie der Mythos der Geschichte und die Dummheit der Intelligenz setzt auch der sens commun (gegen den Barthes ein Leben lang kämpfte) der Literaturtheorie einen Widerstand entgegen, der nicht dauerhaft zu brechen ist. Neuerdings wurde dieser Problematik ein ganzes Buch gewidmet: vgl. A. Compagnon, *Le démon de la théorie. Littérature et sens commun*, Paris 1998.
26 R. Barthes, *Œuvres Complètes*, Bd. 1, S. 563.
27 Ebd., Bd. 2, S. 1313. In einem im selben Jahr von Stephen Heath veröffentlichten Interview berichtet Barthes von seinem Wunsch, andere „Mythen" zu schreiben: „Dies wären neue ‚Mythologien', die weniger direkt im Sinne einer ideologischen Denunzierung engagiert wären und sich, so meine ich, eben deshalb auch weniger für das Signifikat, das Bedeutete, engagieren würden: Sie wären vieldeutiger, fortgeschrittener und in den Signifikanten, das Bedeutende, eingetaucht." (Bd. 2, S. 1292)
28 Ebd., Bd. 3, S. 219f.
29 N. Postman, *Amusing Ourselves to Death. Public Discourse in the Age of Show Business*, London 1986, S. 63, 44, 64.
30 Ebd., S. 99.
31 J. Baudrillard, *Amérique*, Paris 1986, S. 50.
32 Ebd., S. 51.
33 Ebd.
34 Davon betroffen ist auch bei Baudrillard nicht zuletzt die politische Dummheit: „Die politischen Schwächen und Schwachheiten sind unwichtig. Man urteilt nur nach dem Bilde" (ebd., S. 106f.). Baudrillards Vergleich des Fernsehens mit der griechischen Tragödie erinnert daran, daß sie Jahre zuvor schon Barthes in einer seiner berühmtesten *Mythologien* als Vergleichspunkt mit dem Catchen gedient hatte. Dies bezeugt nicht nur die Ausstrahlungskraft, sondern auch die Aktualität der Barthesschen Mythen des Alltags am Ende unseres Jahrhunderts in einer medientechnisch doch so stark umgestalteten Welt, die sich vor Fernseh- wie Computerbildschirmen noch immer nicht ausreichend zu amüsieren scheint.

35 P. Bourdieu, *Homo academicus*, o.O. 1984, S. 159f. Damit glaubte er nicht nur, eine imaginäre von einer wirklichen Wissenschaftlichkeit abtrennen zu können, sondern beleuchtete auch eher unfreiwillig die Existenz unterschiedlicher Konstruktionsformen des wissenschaftlichen Subjekts innerhalb des akademischen Teilfelds in Frankreich. Daran mag deutlich werden, daß der Homo academicus nicht nur als analytischer „observer", sondern zugleich als polemischer „participant" an den Kämpfen innerhalb des Teilfeldes beteiligt war. Es wäre eine ausgesprochen lohnende Aufgabe, die noch heute lesenswerte Analyse Bourdieus durch ein umfangreiches Kapitel über die akademische Dummheit und ihre Strategien der Verdummung zu vervollständigen. Dort käme gerade jenen, die Ernst Robert Curtius treffend porträtierte und hart als „Fakultätslöwen" oder „Institutsbarone" zu bezeichnen pflegte, eine tragende Rolle zu. Vgl. A. Busch, *Die Geschichte der Privatdozenten. Eine soziologische Studie zur großbetrieblichen Entwicklung der deutschen Universitäten*, Stuttgart 1959, S. 103f.

36 P. Bourdieu, *Sur la télévision, suivi de L'emprise du journalisme*, Paris 1996, S. 20.

37 In seiner gelungenen Dissertation hat Andreas Gelz (*Postavantgardistische Ästhetik. Positionen der französischen und italienischen Gegenwartsliteratur*, Tübingen 1996) wiederholt auf die bedeutsame Rolle Roland Barthes' innerhalb des literarischen und intellektuellen Felds Frankreichs aufmerksam gemacht. Völlig unverständlich bleibt eine von der Zeitschrift *Italienisch* abgedruckte Rezension Axel Schönbergers, deren Argumentationsstil des „cela va de soi" hier zu analysieren gewiß nicht fehl am Platze wäre und die zu keinem Zeitpunkt das Reflexionsniveau der besprochenen Arbeit erreicht. Immerhin hat sie den Vorteil, als *Rezension* (und nicht als Artikel) gekennzeichnet zu sein; vgl. hingegen über „Roland Barthes, Ecrivain" die *Neue Zürcher Zeitung* vom 9.9.2000.

38 P. Bourdieu, *Sur la télévision*, S. 38.

39 R. Barthes, *Œuvres Complètes*, Bd. 1, S. 569.

40 P. Bourdieu, *Sur la télévision*, S. 5.

41 Ebd., S. 25ff.

42 Ebd., S. 30.

43 Ebd., S. 31.

44 F. Goya, *Caprichos*, S. 53; „literarisch" war (und ist) dieser Esel gleich in mehrfachem Sinne.

45 In mehr als einer Hinsicht bemerkenswert ist die dem Fernsehen gegenüber wesentlich offenere Haltung lateinamerikanischer Kulturtheoretiker und Medienwissenschaftler wie Jesús Martín-Barbero, Beatriz Sarlo oder Néstor García Canclini. Dies hat nicht etwa mit einer größeren „Naivität" der Vertreter der nueva teoría cultural zu tun, sondern mit ihrer Einsicht in die Wichtigkeit der kreativen Prozesse kultureller Aneignung, also der Betonung spezifischer Formen produktiver Rezeption des Mediums Fernsehen, die in Postmans wie Bourdieus Analysen fast vollständig ausgeblendet bleiben. So erst können die vom Fernsehen ausgelösten Kommunikationsprozesse in ihrer Komplexität reduziert werden, womit wir auch hier wieder auf das Wechselspiel von hergestellter Dummheit und inszenierter Intelligenz stoßen.

46 Bei Bourdieu zeigt sich die Sorge und das Bemühen um das, was nicht zur

Sprache kommt; doch auch hier charakteristischerweise nur beim Anderen: Kommt einmal jemand zu Wort, der nicht als „Wortprofi" (professionnel de la parole) gelten kann, so sagt er selbstverständlich „wirklich außerordentliche Dinge, welche die Leute nicht einmal denken könnten, die stets das Wort mit Beschlag belegt haben" (P. Bourdieu, *Sur la télévision*, S. 36). Hier wird das Andere im Anderen utopisch zum Sprechen gebracht, nicht aber das Andere im Eigenen, die Dummheit der Intelligenz.

47 „Viel gäbe es über die Moral der Fernsehleute zu sagen: Sie sind oftmals zynisch und legen einen absolut erstaunlichen moralischen Konformismus an den Tag. „Sie alle seien die ‚Sprachrohre einer typischen kleinbürgerlichen Moral'" (Ebd., S. 52).

48 Die von ihm angewandte Antwort auf die Festsetzung der Dummheit bestand vor allem in einer ständigen Bewegung und Deplazierung, ohne freilich seine grundsätzliche Strategie der Entdummung aus den Augen zu verlieren. So ließ er die LeserInnen der Zeitschrift *Elle* im Dezember 1978 wissen: „Die Dinge nicht revolutionieren, nein, aber ein wenig schummeln. Sie etwas dünner machen. Sie beweglicher machen. Einen Zweifel zu Gehör bringen. Folglich das angeblich Natürliche, das installierte Ding erschüttern." (Bd. 3, S. 923)

49 Hierzu gehört zweifellos auch das von Wolfgang Fritz Haug intelligent, bisweilen auch ironisch gestaltete Stichwort „Dummheit" (sowie im Anschluß daran „Dummheit in der Musik") in: ders. (Hg.), *Historisch-Kritisches Wörterbuch des Marxismus*, Bd. 2, Hamburg 1995, S. 855–874 sowie S. 874–882. Haug bemerkt ganz richtig, Marx habe wohl „gespürt, daß das Für-dumm-Erklären selber der Dummheit verdächtig ist, denn er fährt fort: ‚Bisher hatten die Philosophen die Auflösung aller Räthsel in ihrem Pulte liegen und die dumme exoterische Welt hatte nur das Maul aufzusperren, damit ihr die gebratenen Tauben der absoluten Wissenschaft in den Mund flogen.'" (Ebd., S. 859)

50 G. Flaubert, *Bouvard et Pécuchet. Avec un choix des scénarios, du „Sottisier", „L'Album de la Marquise"* et *„Le Dictionnaire des idées reçues"*. Edition présentée et établie par Claudine Gothot-Mersch, Paris 1981, S. 493. Die von A. Thibaudet und R. Dumesnil besorgte Ausgabe des *Dictionnaire* in der *Bibliothèque de la Pléiade* überspringt dieses Stichwort – Folge eines apokryphen Eintrags, einer weiteren „Verstellung" oder nur ein dummer Zufall?

Hannelore Schlaffer

Das Glück der größten Zahl

1 J. Le Goff, *Kaufleute und Bankiers im Mittelalter*, Frankfurt/M. 1989, S. 103.
2 Ebd., S. 103.
3 J. Le Goff, *Die Geburt des Fegefeuers*, Stuttgart 1984, S. 276.
4 Ebd., S. 280.

Buchanzeigen

Hermann Bausinger
Typisch deutsch
Wie deutsch sind die Deutschen?
2., durchgesehene Auflage. 2000. 176 Seiten. Paperback
Beck'sche Reihe Band 1348

Hans-Dieter Gelfert
Typisch englisch
Wie die Briten wurden, was sie sind
3., durchgesehene Auflage. 1998. 176 Seiten mit 18 Abbildungen.
Paperback
Beck'sche Reihe Band 1088

Dieter Thomä
Unter Amerikanern
Eine Lebensart wird besichtigt
2000. Ca. 190 Seiten. Paperback
Beck'sche Reihe Band 1394

R. W. B. McCormack
Travel Overland
Eine anglophone Weltreise
1999. 126 Seiten mit 18 Abbildungen. Paperback
Beck'sche Reihe Band 1297

Terry Eagleton
Die Wahrheit über die Iren
Aus dem Englischen von Silvia Morawetz
2000. 172 Seiten mit 12 Abbildungen. Klappenbroschur

Verlag C. H. Beck München

Jürgen August Alt
Richtig argumentieren
oder wie man in Diskussionen Recht behält
3. Auflage. 2000. 167 Seiten mit 3 Abbildungen und 3 Tabellen. Paperback
Beck'sche Reihe Band 1346

Alan Sokal / Jean Bricmont
Eleganter Unsinn
Wie die Denker der Postmoderne die Wissenschaften mißbrauchen
Ins Deutsche übertragen von Johannes Schwab und Dietmar Zimmer
2. Auflage. 2000. 350 Seiten. Broschiert

Jürgen Wertheimer
Don Juan und Blaubart
Erotische Serientäter in der Literatur
1999. 174 Seiten mit 15 Abbildungen. Paperback
Beck'sche Reihe Band 1316

Walter Erhart / Herbert Jaumann (Hrsg.)
Jahrhundertbücher
Große Theorien von Freud bis Luhmann
2000. 494 Seiten. Paperback
Beck'sche Reihe Band 1398

Helmut Seiffert
„Auch ein Mord ist ein Stück Leben"
Das kleine Buch der Sprachunfälle
2000. 136 Seiten. Paperback
Beck'sche Reihe Band 1393

Verlag C. H. Beck München